APRENDIZAGEM, CULTURA E TECNOLOGIA

FUNDAÇÃO EDITORA DA UNESP

Presidente do Conselho Curador
José Carlos Souza Trindade

Diretor-Presidente
José Castilho Marques Neto

Editor Executivo
Jézio Hernani Bomfim Gutierre

Conselho Editorial Acadêmico
Alberto Ikeda
Antonio Carlos Carrera de Souza
Antonio de Pádua Pithon Cyrino
Benedito Antunes
Isabel Maria F. R. Loureiro
Lígia M. Vettorato Trevisan
Lourdes A. M. dos Santos Pinto
Raul Borges Guimarães
Ruben Aldrovandi
Tania Regina de Luca

Editora Assistente
Joana Monteleone

APRENDIZAGEM, CULTURA E TECNOLOGIA
Desenvolvendo potencialidades corporativas

KLAUS SCHLÜNZEN JUNIOR

© 2003 Editora UNESP

Direitos de publicação reservados à:
Fundação Editora da UNESP (FEU)
Praça da Sé, 108
01001-900 – São Paulo – SP
Tel.: (0xx11) 3242-7171
Fax: (0xx11) 3242-7172
www.editora.unesp.br
feu@editora.unesp.br

Dados Internacionais de Catalogação na Publicação (CIP)
(Câmara Brasileira do Livro, SP, Brasil)

Schlünzen Junior, Klaus
  Aprendizagem, cultura e tecnologia / Klaus Schlünzen Junior. – São Paulo: Editora UNESP, 2003.

  Bibliografia.
  ISBN 85-7139-463-6

  1. Aprendizagem organizacional 2. Engenharia de produção I. Título.

03-1930   CDD-658

Índice para catálogo sistemático:
1. Aprendizagem organizacional: Administração 658

Este livro é publicado pelo projeto *Edição de Textos de Docentes e Pós-Graduados da UNESP* – Pró-Reitoria de Pós-Graduação e Pesquisa da UNESP (PROPP)/Fundação Editora da UNESP (FEU)

Editora afiliada:

Asociación de Editoriales Universitarias
de América Latina y el Caribe

Associação Brasileira das
Editoras Universitárias

Para minha esposa Elisa e minhas filhas
Taínah e Thaís, de todo o meu coração.

AGRADECIMENTOS

Ao concluir este trabalho, tenho muito a agradecer. Ele foi fruto de momentos de grande aprendizagem, de reflexão, de encontros e desencontros que me levaram a escrevê-lo. Preciso agradecer primeiramente a Deus, por estar ao meu lado em cada momento desta caminhada e por sempre estar me conduzido nas decisões, no entendimento que nem sempre o meu caminho é o melhor. Certamente, foi o Seu caminho que me fez construir toda a metodologia de capacitação com os trabalhadores na fábrica.

Gostaria também de expressar minha imensa gratidão a pessoas que muito colaboraram neste percurso. Minha esposa Elisa, que, com sua sabedoria e bondade, edificou minha vida, das nossas filhas e de toda a família. Foi ela que esteve sempre presente, incentivando e colocando também suas idéias neste documento. Minhas filhas, pequenas crianças que, às vezes, não compreendem muito bem o porquê de me afastar horas do seu convívio; elas estiveram junto comigo em todos os momentos, alegrando os dias desta caminhada.

Não poderia deixar de lembrar também de meus pais que me deram a vida, em especial, a dedicação de minha mãe para que eu pudesse estudar; ao meu sogro e sogra, e tia Maria, que sempre me ofereceram carinho e apoio nesta jornada. Também meus irmãos, Karin, Celina, Marli, Armando, Leônidas, pela torcida e incentivo.

Aos funcionários e, sobretudo, grandes parceiros e amigos da Delphi Automotive Systems – Divisão Harrison Thermal Systems –, que permitiram que este trabalho fique eternamente na minha lembrança como um período de muito aprendizado e de muitas alegrias. Em especial, gostaria de agradecer aos colaboradores: Amadeu Gaspar Mendes, Eduardo M. Azzi, Ivan Vicente Ferreira, Agnaldo Marcolino dos Santos, Emerson Oliveira Dias, Oscar A. Rando, Alexandre Ribeiro Pataias, Sandro Maurice Gobbo, e a todos os trabalhadores multiplicadores.

Ao pesquisador e jornalista Jaures S. Mazzone, grande amigo, que muito me ensinou sobre o mundo das empresas. Tenho saudade de nossas conversas, de seus conselhos e de suas palavras que muitas vezes serviram de ajuda e incentivo para que este livro se tornasse uma realidade.

O Projeto de Educação Continuada da Pontifícia Universidade Católica de São Paulo, que contou com a coordenação dos professores Fernando Almeida, Maria Elizabeth B. Almeida e Vitória K. Hernandes, foi também um marco no direcionamento metodológico do programa de capacitação implementado e descrito neste livro. Sou grato pela oportunidade que me deram de aprender e crescer com esse projeto.

Recordo-me com gratidão dos valiosos amigos Aureci, Ednilson, Cláudia, Arnoldo, Maria Cândida Moraes, Ana Menin, Arilda, Manoel Lourenço Filho, Erwin, Andréa, Pérola, Renata, Luri, Mauro, Vivian, Nilton, Lourdes, Galo, Cidinha, que sempre estiveram presentes com a amizade sincera e verdadeira.

Finalmente, desejo agradecer à Coordenação de Aperfeiçoamento de Pessoal de Nível Superior (Capes), à Universidade Estadual Paulista (UNESP) e à Fundação de Amparo à Pesquisa do Estado de São Paulo (Fapesp), o suporte financeiro para a realização da pesquisa que deu origem a este livro.

A todos que direta ou indiretamente contribuíram neste trabalho expresso a minha eterna gratidão.

"Confia no Senhor de todo o teu coração, e
não te estribes no teu próprio entendimento.
Reconhece-o em todos os teus caminhos,
e Ele endireitará as tuas veredas.
Não sejas sábio a teus próprios olhos:
teme ao Senhor e aparta-te do mal".
(Provérbios, 3: 5-7)

"Tomai sobre vós o meu jugo, e aprendei de mim,
que sou manso e humilde de coração;
e encontrareis descanso para as vossas almas.
Porque o meu jugo é suave e o meu fardo é leve".
(Mateus 11: 29-30)

SUMÁRIO

Prefácio 13

Introdução 21

1 Modelos de organização industrial 35

Sistemas de Produção Industrial 36
O Sistema de Produção Enxuta 39
Sistema de Produção Pós-Enxuta 52

2 Formação de recursos humanos nas empresas e aprendizagem organizacional 55

Aprendizagem Organizacional 56
O computador no Processo Ensino-Aprendizagem 66
A avaliação da Aprendizagem Organizacional 72
Uma proposta para a criação de um Ambiente de Aprendizagem Organizacional 76

3 Ambientes construcionistas para aprendizagem organizacional 79

A construção de Ambientes Construcionistas para Aprendizagem Organizacional 79
Design de Interfaces 81

Exemplos de Ambientes Construcionistas
de Aprendizagem Organizacional 84

O ciclo Descrição–Execução–Reflexão–Depuração:
Um exemplo com o Jogo do Alvo 97

Os Cenários: uma contribuição do *software*
Construcionista para a Memória Organizacional 99

**4 O trabalhador multiplicador de conhecimento:
uma metodologia de capacitação 101**

O Facilitador da Aprendizagem: uma idéia que não deu certo 102

O Trabalhador Multiplicador-Parceiro:
um Trabalhador de Conhecimento que deu certo 108

O Método de Avaliação da Aprendizagem 112

Uma síntese da Metodologia de Formação
e Avaliação Construída 116

5 Resultados da formação 119

A Avaliação Cognitiva 122

A Avaliação Procedimental 129

A Avaliação pelo Desempenho 136

A Avaliação Emocional e Afetiva 137

Transformando a produção da Delphi-Harrison
de Qualificada para Qualificante 143

6 Considerações finais 145

Referências bibliográficas 155

PREFÁCIO

Vou às compras. Saio de casa de forma planejada. Passar no *shopping*, no supermercado e, no bar, beber uma cerveja com os amigos antes do almoço.

No primeiro corre tudo bem, entro na loja, sou bem recebido com um sorridente cumprimento condicionado. Deve ser porque é sábado. Encontro o que procuro, provo, gosto e decido comprar. Estou tranqüilo, meu carro descansa no estacionamento coberto e protegido. Passo por outras lojas, olho, gosto ou não gosto, decido. Tudo certo, me dirijo ao estacionamento, pago o tíquete para a gentil "mocinha" que me agradece e me deseja um bom dia. Quase não dei atenção, respondi até sem pensar.

Segundo compromisso: não freqüento esse ambiente com muita assiduidade, somente quando sou convocado. O estacionamento ainda não está cheio, acho uma vaga perto de uma sombra. Não pretendo demorar. Sou recebido logo na entrada com um sorridente "bom dia". Até parece que estou revivendo a cena do primeiro compromisso. Ambiente climatizado, superiluminação, melhor ainda o visual *merchandising*, é impossível se perder nessa imensidão. Como pode uma mulher não "amar" se dirigir ao supermercado se é um ambiente "tão agradável". Começo minha expedição. Ando de um lado para o outro, maravilhado. Quase terminada a lista, não encontro uma determinada marca, penso em comprar a que tiver. Pego o produto, mas vejo uma pessoa uniformizada. Dirijo-me a ela questionando sobre o que procuro. Responde-me que não sabe e me pede para perguntar ao responsável daquele setor. Um pouco abismado, dirijo-me ao "tal" responsável. Não sabendo a resposta, acompanha-me até a gôndola. Olha e me responde sorridente que a marca que procuro está em falta. Atônito com a frase, nem sei direito se agradeço. Enfim, obrigado. Àquelas horas o local já estava cheio. Dirijo-me para o caixa e fila. Certa demora. Penso na cerveja. A fila anda um pouco. Penso, tudo bem, é sábado, quem estaria com pressa? Pago. Dirijo-me ao estacionamento. O sol estava num dia inspirado. O calor no interior do carro era quase insuportável. Procuro a saída, certa confusão na guarita, mas vou embora.

Finalmente a terceira parte: "barzinho" simples, perto de casa, mercearia acoplada. Estacionamento nem pensar, mas espaço e sombra na rua são comuns para essa realidade. A "minha" sombra parecia que me aguardava. O Alemão, guardador de carro, logo me reconhece e me cumprimenta pelo nome. Entro; no caixa da mercearia a dona Raquel me cumprimenta sorridente ao mesmo tempo que marca algo na ficha de uma freguesa. Nem sei o nome dela, mas quase todos os sábados a encontro. O seu Roberto logo serve mais um copo na mesa 21, onde já estavam alguns amigos. Conversa fora. Mais de uma hora depois vou embora. O Alemão está pronto para abrir a porta. Parto.

Missão cumprida.

Essa ficção parece com a minha realidade. O mundo está mudando.

Vivemos uma nova realidade no dia-a-dia do nosso consumo. Grandes empresas varejistas, com muita técnica e competência, estão propiciando um mundo muito mais profissionalizado para o varejo. Sem dúvida nenhuma, é extremamente importante para todos nós, atendidos por pessoas treinadas e preparadas, conhecedores de produtos. Ambientes adequadamente iluminados, preços competitivos, variedade, oferta, serviço, pós-venda, segurança. Vantagens são inúmeras, mas por que não dominam o mercado de forma absoluta?

A extensão do território brasileiro sem dúvida nenhuma dificulta a distribuição maciça dentro de mesmos preceitos. A vida em ambientes cada vez mais hostis tem nos levado a mudar os hábitos; estamos cada vez mais enclausurados e precisamos de espaço.

Esse espaço é que deve ser ocupado por aquele varejo com o qual estamos habituados. Tratados pelo nome, como pessoas diferentes que somos.

Dentro desse contexto que fomos exaustivamente discutindo, por que o varejo multimarcas de roupas atua como hoje? Por que de forma consistente não se recicla? Por que temos de nos preocupar com isso se somos produtores e não comerciantes?

Essas são perguntas que não querem calar.

Vamos por partes. A Marisol é uma indústria do vestuário bastante verticalizada. Do fio fazemos o nosso negócio. Desenvolvemos e construímos produtos e marcas. Procuramos aplicar a mais alta tecnologia fabril e o maior número de profissionais competentes na formulação de estratégias para poder oferecer ao consumidor as melhores oportunidades de negócio possível.

Mas como pode a empresa não se envolver com o problema de um dos elos mais importantes dessa corrente? Se não estivermos preocupados com nossos clientes, o que será do nosso futuro?

Decidimos criar a Academia do Varejo Marisol, com o objetivo de desenvolver e praticar técnicas voltadas para o aprimoramento do setor varejista.

De produtores a difusores de informação.

A melhor forma de aprimorarmos resultados é estudando, analisando tendência e técnicas e principalmente compartilhando. O treinamento constante e continuado será a melhor forma de desenvolver todos os envolvidos nessa corrente. Neste momento inicial, menos importa a marca que estará sendo comercializada na loja, mas sim que a loja comercialize mais e mais. Um dos maiores problemas enfrentados no pequeno varejo de vestuário, no âmbito nacional, é a própria forma aleatória com que ele surge. Não dispomos em nossos bancos escolares de aulas sobre a administração de uma loja. Quem faz uma faculdade de administração e de moda para abrir uma loja de roupa? De administração e de engenharia mecânica para abrir um negócio de autopeças? Quais proprietários de loja voltam à sala de aula para estudar tendências de varejo ou comportamento dos novos consumidores?

Assim, na leitura deste livro, alguns poderão pensar que estamos falando de pessoas bastante diferentes, que estão em níveis distintos. Mas de que níveis estamos falando? Do nível do não-conhecimento ou do nível da necessidade de mais conhecimento? Exceções à parte, temos de pensar que os consumidores atuais são diferentes dos de alguns anos atrás. Como imaginar que os educados em quadros negros e as novas gerações, que são educadas com computadores ou mesmo pela internet, pensem da mesma forma? Portanto, a evolução constante é uma necessidade.

Mesmo o autor deste livro, tratando de uma realidade um pouco diversa, enfrenta o mesmo problema. Educação. Motivar pessoas de naturezas diferentes a reagir a estímulos sob uma mesma técnica.

Na prática isso é dedicar-se a uma força-tarefa para se aproximar do alvo. A necessidade de aproximação física ainda é evidente. Enfrentamos diferenças muito grandes nas culturas locais que não podem ser ignoradas nem menosprezadas. A solução mais eficiente é aquela que for aplicada na medida certa para determinada situação específica. Mas como fazer para estarmos presentes em tantos lugares?

Uma das formas é envolver donos de loja em eventos sistemáticos com palestras técnicas e motivacionais que os estimulem a se preparar e a treinar seus funcionários sobre os fatores que fazem a diferença.

Estudar cada região do nosso país e desenvolver a melhor solução para cada localidade. Não existe uma fórmula, até mesmo porque a venda de roupas não é cartesiana.

O problema é como auxiliar uma rede com mais de quinze mil lojas, mais de 55 mil vendedoras/balconistas, aproximadamente 350 Empresas de Representação Comercial e mais de cinco mil colaboradores diretos sobre a "nova postura".

Mas por que treinar nossos colaboradores? Ora, se estamos defendendo a necessidade de reforçar todos os elos da corrente do nosso negócio não podemos desconsiderar aqueles mais presentes. A realidade é uma só. Todos temos de buscar o desenvolvimento continuado.

Imagine-se um novo contexto. Consumidores desejosos, mas extremamente mais críticos em relação às suas necessidades, vontades, desejos e direitos. Sedentos por bom atendimento, ambientes mais prazerosos, seguros e com a maior gama de ofertas para que tenham a opção de escolha. Os produtos cada vez mais ecologicamente corretos, produzidos por empresas de reconhecida responsabilidade com a sociedade e com o país, que entreguem exatamente aquilo que prometem. Se possível, que até surpreendam. Direitos garantidos de troca ou reparo, serviço de atendimento ao consumidor para que possa ter sua sugestão ouvida, e que dê retorno eficaz. E, provavelmente, mais alguns outros atributos desconhecidos, porque, se não fôssemos constantemente surpreendidos com novas necessidades, não precisaríamos estar nos preocupando com tudo isso.

Imagine-se ainda que o ambiente em questão fosse uma bela loja, que mais parecesse um *show-room* de boas ofertas. Boa iluminação, bons produtos, boa disposição, excelente apresentação; comodidade de encontrar os produtos necessários e os desnecessários também.

Espaços comandados por incansáveis estudiosos da operação, preocupados com a renovação constante, com as tendências de comportamento dos seus clientes fiéis, ou mesmo dos infiéis. Exímios líderes de uma verdadeira equipe de conselheiros dos clientes.

Profissionais de atendimento prontamente dispostos a esclarecer todas as dúvidas, e, melhor ainda, preparados a responder todos os principais questionamentos do seu interlocutor; conhecedores dos direitos do consumidor, dos produtos com os quais se relacionam, dos fornecedores; profissionais que conhecem o processo de industrialização dos produtores, de que forma se obtêm tais resultados, os diferenciais do produto e não somente da embalagem. Os consumidores não querem somente saber aquilo que está escrito na embalagem, isso geralmente eles lêem sozinhos. É preciso dar algo mais.

A equipe de vendas deve estar absolutamente preparada. Não serão apenas tiradores de pedidos, mas consultores dos lojistas. Profissionais observadores das distintas realidades e capazes de orientar dentro das suas experiências a melhor forma de otimizar os resultados dentro de cada ponto de venda. Conhecer o produto e sua forma de fabricação é fator que deixa de ser diferencial para se tornar a mais pura obrigação. As pessoas que compõem essa equipe devem ser completos profissionais de *marketing*. Consultores dos lojistas e dos fabricantes em promoção, produto, ponto de venda e propaganda. São pessoas que têm o grande privilégio de estar em constante contato com produtores, lojistas, vendedores e consumidores; portanto, os que têm a maior possibilidade de inter-relacionar os anseios e dúvidas de cada um.

Os objetivos podem ser perfilados. Fabricantes eficientes. Tecnologia suficiente para garantir o atendimento à relevância atribuída por cada consumidor. Condução do negócio constantemente na direção de atender os seus mais completos desejos inconscientes. Prestação de serviços surpreendente. Um SAC eficaz. Maior agilidade, renovação e inovação. Equipe gerencial capacitada a encontrar soluções, a surpreender. Um quadro funcional eficiente, comprometido com a empresa e com o negócio, orgulhoso do produto do seu trabalho. Pessoas felizes, satisfeitas, que tenham todas as suas necessidades básicas atendidas. Preparadas para operar dentro das mais novas tecnologias; capazes de compreendê-las, utilizá-las e aprimorá-las.

Como imaginar uma nova realidade sem uma nova postura?

Este livro também ressalta a importância e a preocupação com a educação a distância.

Movidos pelas dificuldades, os projetos atuais buscam desenvolver uma ferramenta que permita a comunicação com os elos da corrente nos locais onde se encontram. Além disso, procuram disponibilizar uma ferramenta que permita respeitar as diferenças e que atue nas mais distintas necessidades.

A solução é aproveitar a tecnologia disponível. Trabalhamos no desenvolvimento de um curso de capacitação para o varejo via rede, que remeta os alunos de volta à sala de aula. A idéia pode parecer óbvia, mas a solução não é tão simples. Montar o programa é trabalhoso, mas não a parte mais difícil. Envolve os mais preparados profissionais internos ou não, definem-se prioridades, o escopo, novas tendências, carências; enfim, monta-se o *briefing*. Traduzi-lo para um programa não nos cabe. Porém temos de aplicá-lo.

Algumas inúmeras dúvidas nos afligem. Independentemente da tecnologia, por mais avançada que possa ser, volta-se aos problemas iniciais, como incentivar e manter o nível de interesse sempre elevado? Como sustentar e perenizar sem o contato físico e o olho no olho?

Este livro tem uma relevância muito grande, pois, independentemente do negócio, do produto e do nível intelectual dos profissionais que o fazem, vive-se uma fase de dúvidas, e quanto mais experiências forem compartilhadas, positivas ou não, mais rapidamente elas serão superadas.

A Delphi Automotive Systems e a Marisol S.A. podem ser empresas completamente distintas, mas a leitura deste livro mostrará as coisas em comum e certamente todos perceberão similaridades com seus negócios.

A leitura é envolvente e esclarecedora. Que estejamos sempre dispostos a ouvir e refletir. Portanto, mãos à obra.

Boa leitura.

Giuliano Donini

INTRODUÇÃO

O sistema de produção industrial, originado na Toyota Motor Company, conhecido como Produção Enxuta (*Lean Production*) ou Sistema Toyota de Produção (Mazzone, 1993; Womack & Jones, 1996; Womack, Jones & Roos, 1990), provocou um processo de reestruturação e capacitação nas empresas que as levaram a grandes desenvolvimentos e resultados na organização do trabalho, no desenvolvimento e na evolução das competências profissionais, no aperfeiçoamento das condições de trabalho e no relacionamento entre os trabalhadores.

Ele veio solucionar uma série de problemas que o sistema de produção de Henry Ford apresentava, com trabalhadores desestimulados, linhas de produção inflexíveis, estrutura administrativa carregada e desarticulada, elevados custos de produção e desenvolvimento. No sistema fordista, os trabalhadores executavam tarefas muito simples, fruto da decomposição do trabalho proposto por Taylor (Wilentz, 1997) e, conseqüentemente, não exigiam especialização, permitindo assim que fossem "treinadas" de maneira rápida e superficial.

Entretanto, com o Sistema Enxuto é esperado um novo perfil de profissional, em que características intelectuais como capacidade de resolver problemas, de aprender a aprender, de criar, de participar, de trabalhar em grupo, de ser responsável e de colaborar são exigidas. Isso é conseqüência de uma de suas características principais, ou seja, fazer a empresa servir como escola, aliando aspectos teóricos e práticos, sistematicamente sumarizando o conhecimento corrente, buscando novos conhecimentos, ensinando-os para os seus membros e efetivamente utilizando-os (Womack, Jones & Roos, 1994). Passou-se da era da manufatura para o que Marquardt (1996) denominou de *Mentofacturing*, ou seja, uma produção mais cerebral do que manual.

Nessa direção, observa-se também que os trabalhadores de hoje não parecem estar satisfeitos com serviços repetitivos e convencionais, independente das compensações financeiras. Eles querem se envolver em áreas criativas, cujo pensamento e decisão estejam sob o seu controle (Bassi, Cheney & Buren, 1997).

Logo, além do processo de globalização que obriga a rápidas transformações e adaptações nas estruturas produtivas, há uma mudança no perfil do profissional e, conseqüentemente, isso tem influência direta no seu processo de formação. As mudanças que acontecem no mundo indicam que as pessoas mais bem-sucedidas, de agora em diante, serão aquelas com pensamento livre, criativo, integrado, sem preconceitos e que olham mais para o presente e para o futuro do que para o passado (Mazzone, 1995).

Considerando ainda as certificações de qualidade como ISO9000 e principalmente a QS9000 (Ricci, 1996), padrão de sistema de qualidade exclusivo para a indústria automobilística, verifica-se que as necessidades de treinamento e de desenvolvimento de todo o pessoal que desempenha tarefas que influenciam na qualidade são estratégicas, como pode ser observado no seguinte trecho da norma, item 4.18:

> A atividade "Treinamento" é considerada como elemento estratégico ao sistema de qualidade, fazendo parte integrante do planejamento estratégico da empresa ... A sua eficácia deve ser periodicamente avaliada... (Ricci, 1996, p. 117)

Na realidade, a norma QS9000 veio consolidar a importância que o treinamento e a formação de pessoal tem para a indústria atual. Conseqüentemente, reforça a preocupação das empresas em oferecer aos trabalhadores um programa de capacitação que desenvolva as competências que o mercado exige.

No entanto, a formação de recursos humanos nas empresas, assim como nas escolas em geral, está pautada em alguns parâmetros que não mais interessam ao mercado de trabalho e à sociedade. A atividade de ensinar é vista, simplesmente, como transmissão e memorização de conteúdos, realização de exercícios repetitivos, tudo sem considerar o contexto e o significado para o aprendiz, transformando-o em um elemento totalmente passivo e subordinado no processo educacional. Essa forma de ensinar, considerada como paradigma instrucionista ou ensino tradicional, está presente na maioria de nossas escolas e, por conseguinte, tem reflexos na formação dos trabalhadores.

Na empresa, a formação dos trabalhadores está pautada nos mesmos métodos, muito pouco eficientes para o ensino, que incluem seminários, visitas à fábrica, aulas expositivas, entre outros. A avaliação é feita por meio de exames escritos, entrevistas, observação direta da participação nas atividades de formação desenvolvidas fora do ambiente real em que o trabalhador está atuando.

Assim, as empresas precisam procurar meios para capacitar o trabalhador a essa nova realidade. É preciso repensar os programas de treinamento tradicionais, buscando novas ferramentas e metodologias, transformar o local de trabalho em um ambiente de aprendizado[1] contínuo, reconceituar os papéis dos operários e gerentes para que possam se tornar parceiros na construção de conhecimento e formular estímulos para as pessoas criarem e participarem de ambientes de indagação. Com isso, ocorrem mudanças tanto na qualificação do trabalhador como nas relações e no ambiente de trabalho.

Outro aspecto muito importante é acompanhar as mudanças na maneira que o trabalho é realizado na fábrica como conseqüência do processo de formação, verificando as contribuições da capacitação para a empresa. Portanto, tão importante quanto a formação do trabalhador é a avaliação do seu impacto para a organi-

---

1 O ambiente de aprendizagem se entende como o espaço e o tempo sóciohistórico-cultural em que se viabiliza, intencionalmente ou não, a construção dos novos conhecimentos (Almeida, F. J., 1999, p.69). Ele é criado para promover a interação entre todos os seus elementos, propiciando o desenvolvimento da autonomia do aluno e a construção de conhecimentos de diversas áreas do saber, por meio da busca de informações significativas para a compreensão, representação e resolução de uma situação-problema (Almeida, 1999b).

zação. Nesse sentido, Ricci (1996) salienta também que um dos grandes erros evidenciados durante a implantação das normas de qualidade é não acompanhar a eficácia dos treinamentos realizados. Isso poderia garantir às empresas verificar se as atividades desenvolvidas realmente estão repercutindo na aprendizagem dos trabalhadores e se refletindo em expressivos resultados operacionais.

Por outro lado, a própria AIAG (Automotive Industry Action Group), empresa representante oficial das montadoras de automóveis e responsável pela norma QS-9000, não tem clareza sobre como avaliar os resultados do processo de formação.[2] Ela sugere que a eficácia dos treinamentos seja medida apenas por meio de questionários ou entrevistas diretas com os trabalhadores envolvidos. Entretanto, como poderá ser observado posteriormente em um estudo de caso, um funcionário que não foi aprovado em um teste teórico é considerado, por seus superiores, como um eficiente trabalhador. Assim, essa forma de medir a eficácia não é suficiente para uma avaliação que, segundo a própria norma, provém de um assunto estratégico para a empresa.

O desafio então é descobrir novos métodos e ferramentas para promover a aprendizagem organizacional (Stata, 1997), que tem sido tradicionalmente definida como um processo pelo qual trabalhadores criam e/ou usam novos conhecimentos e *insights* que resultam em uma mudança de procedimento e ações. Ela deve compreender os domínios cognitivos, afetivos/emocionais e psicomotores (Marquardt, 1996) e deve estar fundamentalmente baseada na tecnologia, segundo a pesquisa "Annual Survey of Corporate University Future Directions" (Meister, 1999) realizada anualmente pela Corporate University Xchange, Inc.[3] As corporações que responderam a essa pesquisa, prevêem que, já no início

---

[2] O site www.asq.org/standcert/qs-9000/sancl.html, mantido pela ASQC (American Society for Quality Control), contém todas as informações sobre a norma QS-9000. Periodicamente, as informações são atualizadas com as novas interpretações sancionadas pela AIAG. O documento emitido pela AIAG é acumulativo, ou seja, a cada nova versão, as interpretações sancionadas anteriormente são mantidas no novo texto.

[3] A edição desta pesquisa já está disponível em www.corpu.com, página na internet da Corporate University Xchange, Inc.

do milênio, mais de 50% de toda a aprendizagem nas empresas ocorrerá via tecnologia.

Com essa perspectiva, o Núcleo de Informática Aplicada à Educação da Unicamp (Nied) e a Universidade Estadual Paulista (UNESP) estão envolvidos em um trabalho pautado no desenvolvimento de *software* com estética construcionista para capacitação de trabalhadores de empresas com Produção Enxutas (Borges, 1997; Fernandes, Furquim & Baranauskas, 1996; Valente, 1997a; Valente, Mazzone & Baranauskas, 1997a; Valente, Mazzone & Baranauskas, 1997b; Valente & Schlünzen, 1999, Schlünzen, 2000b). O *software* com estética construcionista (Papert, 1994), que será descrito com maiores detalhes nos capítulos 3 e 4, caracteriza-se pela formalização, explicitação e construção do conhecimento por meio do computador. Ele vai ao encontro do processo de ensino-aprendizagem com a criação de situações que permitem ao trabalhador resolver problemas reais e aprender com o seu uso e com experiência dos conceitos envolvidos no problema. O aprendizado acontece por meio do fazer, do colocar a "mão na massa" (Valente, 1997b), que se assemelha às atividades cotidianas da fábrica, pois envolvem o trabalhador diretamente na construção do seu conhecimento, por meio da definição, representação, armazenamento e execução no computador da solução do problema, segundo o seu entendimento. Isso requer a descrição da solução do problema, uma reflexão sobre os resultados obtidos e uma depuração dos erros cometidos. A aprendizagem então ocorre em um processo cíclico de descrição-execução-reflexão-depuração-descrição (Valente, 1993).

Assim, com base na abordagem construcionista, importantes características poderão ser contempladas como contexto autêntico, *feedback* imediato, controle do processo de aprendizagem pelo trabalhador, facilidade para detecção e correção de erros, ambientes de aprendizagem mais realísticos e personalizados. Por outro lado, a construção de ambientes com essas características deve ser fundamentalmente realizada de acordo com as necessidades das empresas e os ambientes devem ser projetados com a participação integral do trabalhador, firmemente norteada por suas experiências. Essas características proporcionam um ambiente que promove a aprendizagem organizacional e que deve acomodar os estilos de aprendizagem, as diferentes velocidades e necessidades, permitindo ainda a formação contextualizada do trabalhador.

Para a definição do ambiente de aprendizagem computacional, para a construção e a validação de uma metodologia de formação de recursos humanos em empresas de Produção Enxuta, o campo de trabalho escolhido foi a empresa Delphi Automotive Systems, na divisão Harrison Thermal Systems da cidade de Piracicaba, Estado de São Paulo, e que será identificada de agora em diante como Delphi-Harrison.

Essa empresa surgiu nos Estados Unidos devido aos problemas de superaquecimento de motores em veículos, que levaram Herbert C. Harrison a iniciar sua empresa em 31 de agosto de 1910, conhecida como Harrison Radiator Company e localizada na cidade de Lockport, Estado de Nova York. Em 1918, a empresa se incorporou a General Motors Corporation como uma divisão de montagem de componentes. Com o passar dos anos a empresa cresceu rapidamente, e em 1954 desenvolveu o primeiro sistema de ar condicionado montado em um compartimento do motor, tornando-se pioneira na fabricação desse sistema para automóveis.

Em 1999, a Delphi Automotive Systems separou-se da General Motors e se constituiu novamente como uma empresa independente. Isso se deu, principalmente, como uma estratégia para poder fornecer com maior liberdade seus produtos não apenas para a General Motors, mas também para outras companhias no mundo.

Atualmente, a divisão Harrison Thermal Systems é uma importante produtora de sistemas de arrefecimento de motores e de controle climático de veículos, com fábricas nos Estados Unidos, Canadá, França, Itália, Japão, Coréia do Sul, Venezuela e Brasil, e faz parte do grupo de divisões que formam a Delphi Automotive Systems, a maior empresa de autopeças do mundo.

Hoje, ela equipa não só os veículos da General Motors em todo o mundo, mas também marcas prestigiosas como Fiat, Volvo, Saab, entre outras. Só nos Estados Unidos, 87% dos carros e caminhões da GM são equipados com um sistema de ar-condicionado da Delphi-Harrison.

Em 1990, começou a ser implantada a fábrica da cidade de Piracicaba, com a finalidade de melhor servir o mercado da América do Sul. Em 1991, ela entrou em operação com a produção de ares-condicionados para a Fiat. Também nesse ano, iniciava-se a produção de radiadores para a General Motors do Brasil.

No início de 1992, foi classificada entre as dez melhores empresas que participaram do Prêmio Nacional de Qualidade e, finalmente em 1997, conquista o certificado QS-9000, certificação de qualidade exclusiva para a indústria automobilística (Ricci, 1996).

Em 1998 a Delphi-Harrison possuía 124 funcionários (operários) em Piracicaba,[4] produzindo módulos de ar-condicionado, radiadores e condensadores com qualidade comparável aos melhores do mundo. Desses 124 trabalhadores, 71% possuem segundo grau completo e quase 30% deles fizeram ou estão fazendo curso superior.

Além da preocupação com a qualidade de seus produtos, a Delphi-Harrison instituiu uma filosofia de trabalho nos moldes do paradigma de Produção Enxuta, com um envolvimento direto e participativo dos funcionários nas decisões administrativas e em outras atividades. Existe um programa de integração e um revezamento de funções entre eles, eliminando assim uma hierarquia fixa ou definida no âmbito operacional. Nas células de trabalho, os próprios operadores decidem quem faz o quê e os resultados a serem atingidos, baseando a sua organização do trabalho na:

- crescente importância da inspeção visual de peças e materiais que chegam aos postos de trabalho;
- retirada de postos de controle de qualidade, crescente delegação de normas e procedimentos de inspeção de qualidade aos operários;
- introdução do Controle Estatístico de Processos (CEP);

---

[4] Atualmente a Delphi-Harrison foi transferida para uma moderna instalação fabril na cidade de Jaguariúna, Estado de São Paulo, onde, além dos produtos que já fabricava em Piracicaba, passou também a produzir compressores para os sistemas automotivos de ar-condicionado.

- responsabilidade por detecção e solução de problemas;
- preparação e ajuste de equipamentos pelos funcionários;
- decisão sobre o fluxo produtivo;
- rodízio de atividades;
- responsabilidade por atividades de manutenção rotineiras.

O trabalho de formação desenvolvido na Delphi-Harrison tem como base três tipos de treinamento:

- organizacional: integração, procedimental;
- de segurança;
- de trabalho.

O treinamento organizacional é basicamente aquele feito após a admissão do trabalhador na empresa; uma maneira também de dar boas-vindas. Esse tipo de treinamento visa a integração do trabalhador na rotina da fábrica, nos regulamentos da companhia e a sua atenção a alguns procedimentos básicos que devem ser seguidos para o bom andamento das atividades. De forma geral, os cursos de treinamento organizacional são variados, mas todos têm o objetivo comum de dar aos novos trabalhadores uma visão geral da corporação e de suas atividades. As questões de segurança como uso de equipamentos, procedimentos em caso de acidentes, organização de comissões de segurança, entre outras, são tratadas nos treinamentos de segurança. Por fim, os treinamentos de trabalho são aqueles que tratam de assuntos relacionados diretamente com as atividades de produção. Por exemplo, instruções de operação de máquinas, sistema de qualidade, registros e medições na fábrica, ações corretivas e preventivas, entre outros.

Considerando essas três modalidades de treinamento, os cursos de formação que são oferecidos na Delphi-Harrison podem ser internos ou externos. Os internos são aqueles ofertados pela própria empresa e realizados nas suas dependências. Os cursos externos são aqueles realizados fora da empresa e sob responsabilidade de outra instituição.

Com esse panorama, o Departamento de Recursos Humanos coordena essas atividades e todas as suas funções estão sintetizadas no fluxograma da Figura 1.1. As avaliações são feitas por meio de um formulário que o funcionário preenche segundo quatro indicadores de eficiência: qualidade, custo, rapidez, excelência. Ele deve escolher quais são os critérios a serem considerados dentre aqueles que comparecem no formulário. Feita a escolha, ele é responsável pelo preenchimento dos campos que descrevem a sua situação antes de ir para o treinamento. Com o fim do treinamento, ele preenche o campo relacionado ao depois, isto é, qual é a sua avaliação quanto às contribuições que o treinamento trouxe para a sua formação profissional. Em seguida, tudo é assinado pelo treinando e por seu supervisor na fábrica, que teoricamente verifica se o que foi relatado corresponde à verdade, principalmente quanto a seu desempenho nos postos de trabalho. Essa forma de avaliação é realizada tanto nos cursos internos quanto nos externos.

FIGURA 1 – Fluxograma das Funções do Departamento de Recursos Humanos.
Fonte: Departamento de Recursos Humanos da Delphi Automotive Systems.

Finalmente, para cada funcionário é mantida uma ficha de controle e tudo é arquivado no Departamento de Recursos Humanos em um sistema de banco de dados denominado SISTREI. Com a participação em alguns cursos de treinamento e com as visitas realizadas a diversos setores, principalmente ao Departamento de Recursos Humanos, foi possível constatar alguns pontos que certamente foram importantes para um diagnóstico mais preciso dos programas de formação na Delphi-Harrison:

- o Departamento de Recursos Humanos mantém as informações sobre os cursos de formação. Os cursos são programados por este Departamento ou pela fábrica, que define os conteúdos, datas, avaliações etc. O plano de treinamento é cumprido normalmente *in job* e as avaliações são feitas internamente. Ao término de cada curso, é fornecido ao Departamento de Recursos Humanos o nome do curso realizado, a lista de presença e as avaliações realizadas;
- a avaliação é feita com base em provas teóricas que o funcionário responde em diversos momentos, algumas vezes no início do curso, outras no final. A avaliação pautada no preenchimento do formulário pode não ser significativa, uma vez que quem o preenche é o próprio funcionário. Nesse tipo de avaliação, é difícil saber onde entra o acompanhamento na prática e qual o papel do instrutor e do coordenador da fábrica. Além disso, deveria existir um acompanhamento na fábrica para medir os resultados provenientes do curso. No entanto, como esse acompanhamento nem sempre é realizado, o processo de avaliação pode ficar comprometido;
- existe uma preocupação em fazer que cada funcionário, sem exceção, participe dos treinamentos com a finalidade de cumprir requisitos para as exigências dos órgãos de certificação de qualidade.[5] Nesse caso, a avaliação pode ficar em segundo plano, uma vez que nem sempre é feito o preenchimento do formulário;

---

5 Para a obtenção e manutenção do certificado QS-9000, o item 4.18 (ver Ricci, 1996, p.117) declara a questão "treinamento" como estratégica para a certificação.

- os cursos são normalmente de curta duração, com exposição teórica e dialogada e o aspecto tempo parece ser um comprometedor do processo de formação, uma vez que os funcionários geralmente participam dos cursos em hora extra;
- em alguns cursos, não houve uma avaliação no final, apesar do questionário possuir dois campos superiores que indicam inicial e final. O instrutor, quando questionado sobre um possível esquecimento da avaliação final, afirmou que, com uma observação rápida no questionário inicial, era possível perceber que a grande maioria já conhecia bem os conceitos abordados.

Esse cenário na Delphi-Harrison podia ser muito bem relacionado com o sistema educacional vigente, que não prepara o profissional para atuar no novo paradigma de produção. Ele não estimulava o pensamento crítico, a criatividade, não gerava ambientes alternativos para descobertas tecno-científicas e não favorecia o desenvolvimento de trabalhos cooperativos. Era preciso formar indivíduos intelectual e humanamente competentes e para isso o paradigma educacional deveria ser revisto. Nesse sentido e pelo panorama apresentado, a Delphi-Harrison se mostrou um campo de trabalho ideal para o desenvolvimento de uma nova abordagem metodológica de formação de recursos humanos tendo como ferramenta pedagógica as novas tecnologias, em especial, o computador.

Além disso, optamos por abordar os conceitos de CEP no processo de capacitação de trabalhadores por ser um problema gerencial crítico, cuja necessidade imediata foi identificada e sugerida pela administração da Delphi-Harrison, uma vez que ainda existiam dificuldades para a implementação do Sistema de Qualidade, do qual o CEP faz parte. Os gerentes justificaram essas dificuldades em termos de deficiências educacionais da força de trabalho, o que vem ao encontro da avaliação geral de que os trabalhadores têm dificuldades em entender claramente os conceitos que são utilizados nas técnicas de Controle de Qualidade (Fleury & Fleury, 1997).

Com esse cenário, para construir e validar a metodologia de capacitação e avaliação dos trabalhadores, foi utilizado um *software* construcionista, denominado Jogo do Alvo (Baranauskas, 1998;

Schlünzen, 1999 e 2000b), que é um ambiente computacional que utiliza um "Tiro ao alvo" como metáfora, uma vez que as metáforas e analogias são usadas com freqüência nos diálogos entre os membros das equipes nas empresas e elas servem como um importante meio de expressão (Nonaka & Takeuchi, 1997).

O Jogo do Alvo é um jogo computacional para promover a aprendizagem de conceitos e técnicas de CEP. A posição dos tiros no alvo vai gerar um conjunto de valores que são utilizados para se obter os valores das amostras das cartas de controle. O jogo permite que o usuário seja capaz de testar diferentes disposições e avaliá-las, associando-as com diversas situações de fábrica, criando um rico ambiente de aprendizagem, em que o trabalhador pode testar suas idéias e compartilhá-las com a fábrica.

A metodologia de capacitação e de avaliação construída e descrita neste livro, considerando o uso de um *software* construcionista, propõe que a formação dos trabalhadores seja feita pelos próprios trabalhadores, ou seja, por quem está no contexto, vivendo os problemas do dia-a-dia. Isso favorece a formação de uma cultura de aprendizagem, pois os trabalhadores têm a responsabilidade sobre a sua própria aprendizagem e também pela aprendizagem dos outros. A cultura do local de trabalho é voltada para que os trabalhadores possam ensinar, bem como aprender com os outros trabalhadores, o que vem ao encontro das idéias de Meister (1999, p.21):

> o objetivo é criar uma cultura de aprendizagem contínua, em que os funcionários aprendam uns com os outros e compartilhem inovações e melhores práticas com o objetivo de solucionar problemas empresariais reais.

Os resultados alcançados com essa metodologia mostraram importantes contribuições para a aprendizagem dos trabalhadores e se refletiram em expressivos resultados operacionais da empresa, e também iniciaram uma cultura de aprendizagem nas linhas de produção. Esses resultados foram avaliados, considerando não apenas os aspectos cognitivos, mas também os procedimentais, os de desempenho da fábrica e os afetivos e emocionais.

Assim, o livro apresentará uma proposta metodológica de formação e de avaliação de trabalhadores que usa o computador com a abordagem construcionista contextualizada e significativa e que pretende promover a aprendizagem na organização, uma vez que a habilidade de uma organização atualmente não é medida pelo que ela sabe – produto da aprendizagem –, mas antes como ela aprende – o processo de aprendizagem (Malhotra, 1996). A mudança na cultura da empresa é importante, pois a organização que aprende a sua cultura é aquela em que a aprendizagem é reconhecida como absolutamente crítica para o sucesso da corporação (Marquardt, 1996).

O livro é dividido em sete capítulos, fruto de uma trajetória de pesquisa na qual se construiu e se validou uma metodologia para a capacitação e avaliação de trabalhadores, utilizando um *software* com abordagem construcionista. Esse percurso possibilitou anos prazerosos de estudo, de convivência com o mundo acadêmico e, ao mesmo tempo, com o empresarial. Anos de muito aprendizado que permitiram reconhecer a riqueza da parceria universidade-empresa.

Portanto, o capítulo 1 fornece uma visão geral dos modelos de organização industrial, com especial ênfase no sistema de Produção Enxuta, considerando a importância da formação dos trabalhadores e da aprendizagem em cada um desses modelos.

O capítulo 2 apresenta os aspectos relacionados com a formação de recursos humanos nas empresas, mostrando um panorama geral do assunto. Nesse capítulo, enfatiza-se a questão da aprendizagem nas organizações, com a definição do ambiente e de uma cultura de aprendizagem, bem como, do uso das novas tecnologias e do computador no processo de formação de trabalhadores.

A construção de *softwares* construcionistas, associada ao uso de metáforas e ao *design* centrado no aprendiz, é discutida no capítulo 3, sendo ilustrada com alguns exemplos de ambientes construcionistas com essas características.

O entendimento dos aspectos teóricos sobre o processo de capacitação nas empresas e uma vivência constante no ambiente de fábrica contribuíram para a construção de uma metodologia de capacitação e de avaliação da aprendizagem de trabalhadores em empresas de Produção Enxuta. A proposta metodológica é estabelecida no capítulo 4.

O capítulo 5 relata os resultados e as observações coletados durante as visitas na fábrica e em todos os programas de capacitação de seus trabalhadores, considerando a metodologia construída.

No capítulo 6 são apresentadas as conclusões do trabalho e o seu impacto no processo de formação de recursos humanos em empresas de Produção Enxuta, nas transformações da cultura da empresa Delphi-Harrison e sua implantação, com base na utilização do *software* com abordagem construcionista. Nele também são traçadas algumas perspectivas de trabalhos de formação a distância de trabalhadores e o início da criação de uma memória organizacional por meio dos *softwares* construcionistas utilizados na capacitação.

I MODELOS DE ORGANIZAÇÃO INDUSTRIAL

Para entender melhor como a aprendizagem tornou-se importante e estratégica dentro de uma empresa e, conseqüentemente, todo o processo de formação de recursos humanos, este capítulo apresenta historicamente os três principais modelos de organização industrial, focando principalmente a gestão da aprendizagem em cada um deles e as transformações que levaram os empregadores a gastar cerca de 5% do Produto Nacional Bruto (PNB) na educação continuada dos seus empregados (Drucker, 1993). O conhecimento tornou-se o verdadeiro capital das economias desenvolvidas, com as empresas americanas aplicando tanto dinheiro e empenho na educação e treinamento de seus empregados quanto todas as faculdades e universidades do país somadas (Drucker, 1989).

No entanto, para se compreender todo esse cenário, é preciso mostrar as principais transformações que ocorreram no processo produtivo nas empresas. Passou-se de um sistema de produção artesanal, que funcionou até o início do século XX, para um sistema de produção em massa, idealizado por Henry Ford, por volta de 1913. Na década de 1950, as marcas de um novo paradigma de produção, originado na Toyota Motor Company, denominado Produção Enxuta ou *Lean Production*, começaram a surgir, com a valorização do trabalho em equipe, da comunicação e, principalmente, com o uso eficiente dos recursos, alicerçando-se em uma busca contínua por melhorias e, com isso, valorizando a aprendizagem de seus trabalhadores.

SISTEMAS DE PRODUÇÃO INDUSTRIAL

A indústria mundial, em especial a indústria automobilística, passou o século XX por uma série de transformações envolvendo todo o seu processo de produção e de administração.

Notadamente, passou-se de um sistema artesanal de manufatura a um sistema de produção em massa por volta de 1913 (Womack, Jones & Roos, 1990).

No sistema artesanal, todo o conhecimento sobre o produto e sobre o processo eram dominados e integrados em uma pessoa. O artesão projetava e confeccionava os produtos geralmente com auxílio de aprendizes que mais tarde davam continuidade ao ofício com as habilidades e conhecimentos adquiridos.

Entretanto, o sistema de produção em massa, proposto por Henry Ford, vinha a solucionar uma série de problemas da produção artesanal, entre eles: custos altos, volume de produção baixíssimos, problemas de confiabilidade e durabilidade.

A indústria baseada em um sistema de produção em massa tomava forma no início do século XX e revolucionava a forma de produzir, apresentando como características: custos menores, durabilidade de projetos e materiais, maquinário preciso e dedicado, uma incrível organização da força de trabalho, entre outras.

Ao contrário do que se pensa, o sistema de produção em massa de Ford não se caracteriza apenas pela linha de produção em contínuo movimento, mas também em decompor o processo de produção em um completo e intercambiável conjunto de partes que, quando montadas, formam o produto. Com isso, apresentava uma incrível divisão de trabalho sendo levada às últimas conseqüências, com intuito de reduzir esforço físico e mental do trabalhador. Assim, o montador de uma linha de produção fordista tinha apenas uma tarefa, por exemplo, ajustar um ou dois parafusos ou, talvez, colocar uma roda em cada carro. Não era sua função ajustar ferramentas, reparar equipamentos, solicitar peças, inspecionar a qualidade ou mesmo entender do que realmente estava fazendo e o que isso significava para o processo industrial. Muito pelo contrário, mantinha a sua cabeça baixa, criando-se o conceito de trabalhador não habilitado, que não necessita entender do processo de produção (Womack, Jones & Roos, 1990). Na verdade, ele tinha de deixar a sua capacidade de pensar na porta de entrada da empresa.

Ford aliou esse sistema aos estudos de Taylor (Wilentz, 1997) sobre os movimentos de uma atividade produtiva e a capacidade de analisá-los e torná-los organizados para com isso minimizar o tempo total da atividade (Fleury & Fleury, 1997).

Essa metodologia foi denominada "Princípios da Administração Científica", em que o instrumento básico era o cronômetro, e desenvolvia um estudo sobre tempos e métodos, com a medição do tempo de cada movimento, decompondo assim o processo produtivo em um conjunto de movimentos ou de ações.

Cabia então ao operário a função restrita e exclusiva de realizar esses movimentos sem precisar de conhecimento sobre o processo e sobre o produto. A sua inteligência e comunicação eram totalmente desnecessárias e a coordenação total ficava nas mãos dos engenheiros e da administração superior. O treinamento era visto como a preparação de trabalhadores para executar tarefas planejadas e decididas por outros (Valle, 1997).

Com essa concepção de trabalho, um operário precisava de poucos minutos de treinamento, uma vez que a tarefa a ser realizada era muito simples e não havia compromisso algum em detectar e passar informações sobre as condições operacionais, quer com relação ao ferramental utilizado, quer com o processo de produção.

Certamente, alguém precisava pensar nesse ambiente, por exemplo, como encaixar cada uma das peças da linha de montagem. Essa tarefa era exercida por uma profissão recém-criada: a de engenheiro de produção ou engenheiro industrial. Os engenheiros assumiram a desagradável tarefa de classificar, tabular e reduzir o conhecimento e o aprendizado em regras e fórmulas, aplicando-as ao trabalho nas fábricas (Nonaka & Takeuchi, 1997).

Além desse profissional, havia a necessidade de um outro para verificar a qualidade do que foi produzido. Como a qualidade não era inspecionada pelo operário no decorrer da linha de produção, um trabalho mal feito, ao longo dessa estrutura, só era descoberto no final da linha de montagem, onde um grupo de trabalhadores realizava os reparos.

Nesse sistema, enquanto um engenheiro poderia seguir carreira na empresa, o trabalhador de "chão de fábrica" poderia chegar no máximo a supervisor, o que caracterizava ainda mais o ambiente nada motivador.

A reversão desse modelo fragmentado e desintegrado veio a partir da metade do século XX, com o desenvolvimento de uma nova forma de produção de bens, originalmente implantada na Toyota Motor Company e que evidentemente está revolucionando outra vez a indústria mundial. Consegue-se com esse sistema, não apenas produtos com custos baixos, mas também com impressionáveis índices de qualidade. A base do Sistema de Produção da Toyota é a absoluta eliminação do desperdício (Ohno, 1978) e por isso é conhecido como Produção Enxuta ou *Lean Production*.

A palavra Enxuta, traduzida do termo inglês *Lean*, significa acabar com o desperdício de trabalho, energia, tempo, dinheiro e materiais em empresas (Mazzone, 1995), originando uma guerra contra perdas, um compromisso de fabricar produtos de qualidade perfeita com redução de custos e com um grau sem precedentes de envolvimento de todas as pessoas em todos os níveis de decisão.

Na Toyota, os dados sobre a produção de automóveis mostram que ela leva a metade do tempo para montá-los em comparação às empresas que não utilizam o sistema de Produção Enxuta. O número de defeitos é um terço inferior e o espaço de montagem por carro significativamente inferior. Além disso, o estoque de peças é, em média, de duas horas, em contrapartida às duas semanas em empresas com sistema fordista de produção. As diferenças no desenvolvimento de produtos também são grandes: consome-se apenas a metade do tempo gasto no trabalho de engenharia e um terço no tempo de desenvolvimento (Womack, Jones & Roos, 1990).

Nenhuma empresa investiu tanto no desenvolvimento e refinamento da organização para a aprendizagem e inovação quanto a Toyota (Fleury & Fleury, 1997). Em uma entrevista, o presidente da Toyota, disse: "Uma das características dos operários japoneses é que eles usam o cérebro, bem como as mãos. Os nossos operários oferecem 1,5 milhão de sugestões por ano e 95% delas são colocadas em prática. Existe um interesse quase tangível pelo melhoramento contínuo no ar na Toyota" (Imai, 1990, p.14).

Os resultados obtidos com esse sistema inegavelmente superam todos os alcançados com os demais sistemas de produção, que nos dias atuais se encontram em colapso, com operários desmotivados, linhas de produção inflexíveis, estrutura administrativa extremamente carregada e desarticulada, elevados custos de produção e desenvolvimento.

Entretanto, a implantação de um sistema de Produção Enxuta em uma empresa requer uma série de transformações que não apenas envolvem modificações estruturais, organizacionais e de relacionamento externo, mas também a forma de pensamento e de comportamento de todos os funcionários. Nesse sistema, os trabalhadores assumem a responsabilidade sobre a produção, participando ativa e coletivamente do processo, buscando o aperfeiçoamento constante. Implanta-se a figura do operário dinâmico, criativo e inteligente que não é apenas mais um elemento do sistema de produção, em que o fazer não é mais suficiente. É de extrema importância compreender o que se faz (Valente, 1999a). A sensação de finalidade no trabalho é implantada em contraposição a um grande contingente de operários no modelo fordista/taylorista vagando com suas mentes distantes da real função que ocupam.

O SISTEMA DE PRODUÇÃO ENXUTA

Não se pretende aqui discutir os caminhos históricos que levaram o Japão a alcançar o estágio de industrialização e o seu modelo de organização, muito menos os aspectos político-econômicos que impulsionaram todo o desenvolvimento japonês. O mais importante é apresentar os elementos que compõem a sistema de Produção Enxuta e como eles estão relacionados com a questão da aprendizagem, uma vez que, nesse paradigma, o foco da aprendizagem está no processo de produção.

Assim, dentro de uma empresa com Produção Enxuta, a origem de tudo compreende o entendimento e a aplicação de alguns elementos como: *Kaizen* (Imai, 1990), *Just-in-Time* (Imai, 1990; Womack, Jones & Roos, 1990), Controle Total de Qualidade (CTQ) (Imai, 1990; Womack, Jones & Roos, 1990) e *Kanban* (Moura,

1989). Todo esse conjunto faz parte do novo conceito de administração e produção industrial que é sucesso na Toyota Motor Company e em muitas outras empresas, onde não há dúvidas de que as empresas que adotam alguns dos princípios e técnicas do sistema de Produção Enxuta têm se tornado mais competitivas em relação às demais (Ruas, Antunes & Roese, 1993).

Kaizen e  Controle Total de Qualidade

Kaizen é uma das palavras mais comumente usadas no Japão e é um conceito importante da administração japonesa. Ela significa melhoramento contínuo, envolvendo todas as pessoas em uma empresa, desde a alta administração até os operários. O termo melhoramento nas indústrias ocidentais normalmente se refere a equipamentos e não a elementos humanos. No entanto, investir no *Kaizen* significa investir nas pessoas, exigindo muito esforço e compromissos contínuos, o que requer um comprometimento com a aprendizagem (Garvin, 1993). A capacitação e a avaliação da aprendizagem, envolvendo habilidades interpessoais, capacidade de resolver problemas e o desempenho em *Kaizen,* são de extrema importância para o sucesso do sistema de Produção Enxuta (Wood, 1993).

No contexto da empresa, *Kaizen* gera um pensamento orientado para os processos, já que estes devem ser melhorados para que se consiga melhores resultados. Não são os produtos, mas os processos criadores dos produtos que trazem sucesso às empresas a longo prazo (Hammer & Champy, 1994).

A incorporação da qualidade nas pessoas significa ajudá-las a se tornar cientes do *Kaizen* (Imai, 1990), o que implica também na mudança de paradigma, ou seja, a qualidade não está mais no produto, mas sim nas pessoas, pois a qualidade do que se produz é mera conseqüência. Essa mudança acaba refletindo também no ambiente de trabalho, na casa do trabalhador, na comunidade onde vive e na sociedade em geral. Ela incute a cultura, os valores, as tradições e a visão da empresa em todos os níveis de funcionários, criando uma cidadania corporativa (Meister, 1999), como pode ser exemplificado por meio do relato da diretora do Chicago Hospital:

> Nossa visão foi desenvolver um ambiente no qual os nossos funcionários pudessem aprender a ser bons cidadãos. Para nós, ser um bom cidadão significa mais do que apenas desempenhar as tarefas do cargo. Um bom cidadão age como se fosse o dono da empresa, deseja a satisfação dos clientes, sabe que essa satisfação vem do modo como um trabalho é realizado e assume a responsabilidade de lutar continuamente para melhorar o seu trabalho. (Meister, 1999, p.94)

Isso reforça a necessidade de investimento crescente e constante na formação dos trabalhadores e, conseqüentemente, na promoção da aprendizagem.

Nesse contexto, um dos caminhos para a prática do *Kaizen* é o CTQ. No Controle Total de Qualidade a preocupação básica é a qualidade das pessoas e não apenas a análise de estatística de dados. O pensamento orientado ao processo indica que os resultados devem ser verificados, grupos dentro da empresa se envolvem no controle da qualidade e um fortíssimo sistema de sugestões é implantado, obtendo-se inúmeras contribuições.

O controle de processos é exercido por meio de um ciclo, denominado PDCA (Planeje – Execute – Verifique – Aja)[1] (Imai, 1990; Werkema, 1995), ilustrado na Figura 1.1, que envolve uma série de atividades:

- Planejar: Essa etapa consiste em estabelecer metas e os respectivos métodos para alcançá-las.
- Executar: Colocar as tarefas em execução exatamente como foi previsto na etapa de planejamento e coletar os dados para a próxima etapa de verificação.
- Verificar: Com os dados coletados, é necessário comparar o resultado alcançado com a meta planejada.
- Agir: No caso de algum problema ou resultado insatisfatório, alguma medida deve ser tomada para ser incorporada na fase de planejamento no sentido de propiciar melhoria.

---

1 PDCA é a sigla em inglês para *Plan-Do-Check-Act*.

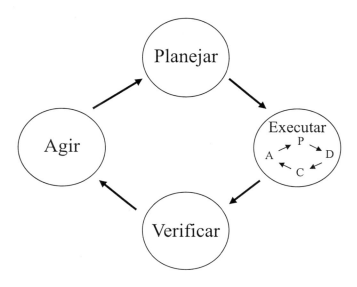

FIGURA 1.1 – O Ciclo PDCA. Fonte: Imai, 1990.

As atividades dos grupos de controle de qualidade que são implementados na empresa levam os seus membros a se envolver constantemente com o processo de resolução de problemas e de tomada de decisões. Assim, o estágio "Executar" do ciclo PDCA possui o seu próprio ciclo PDCA. Esse novo ciclo dentro desse estágio implementa um poderoso sistema de sugestões que são colocadas em prática e que trazem sensíveis contribuições para o processo produtivo em geral.

O ciclo PDCA é na realidade um método de gestão representando a trajetória a ser seguida para que as metas possam ser alcançadas. Na utilização do ciclo, é preciso empregar ferramentas para a coleta, o processamento e a apresentação das informações que poderão garantir o controle dos processos.

Uma das mais poderosas ferramentas amplamente utilizada nas empresas para garantir a qualidade dos processos produtivos é o CEP (AIAG – Automotive Industry Action Group, 1997; Buzziol, 1995; Moreira, Perez & Fernandes, 1987; Senai, s.d.; Werkema, 1995). Ele é uma ferramenta estatística ideal, eficiente, segura e rápida para controlar e aperfeiçoar todos os processos na fábrica, o que permite aperfeiçoar a qualidade e a produtividade. Sua meta principal é reduzir a variabilidade das características que determinam o bom desempenho do produto. O CEP é um método estatístico preventivo de comparar, continuamente, os resultados de um processo com os padrões, identificando, a partir de dados estatísticos, as tendências para as variações significativas, a fim de eliminá-las e controlá-las, com o objetivo de reduzi-las cada vez mais (Senai, s.d.). O CEP serve como uma técnica de apoio à identificação de problemas e surge da necessidade de tomada de ação por parte do trabalhador ou pela gerência.

As variações encontradas nos processos produtivos são decorrentes do fato de que nunca dois elementos produzidos são exatamente iguais. Essas variações na verdade são as maiores inimigas da qualidade, pois o ideal seria que todas as peças fossem iguais. É necessário trabalhar continuamente para tornar as variações cada vez menores. A variabilidade nos processos tem a influência de fatores como matéria-prima, mão-de-obra, meio-ambiente, máquina e métodos (5Ms) e influenciam o resultado final.

Estas variações podem ser de dois tipos:

- Aleatórias: são intrínsecas ou inerentes ao próprio processo produtivo. Exemplo: matéria-prima inadequada, equipamento obsoleto, treinamento insuficiente.
- Causais: quando o problema aparece por motivos acidentais ou localizados. Exemplo: ferramenta com desgaste, descuido ou fadiga do operador, queda de energia elétrica.

As variações devem ser detectadas e rapidamente ações corretivas ou preventivas devem ser tomadas. Esse controle sobre as características críticas[2] do produto só é conseguido por meio das cartas de controle, que são uma representação gráfica que permite a visualização do grau de variabilidade do processo.

---

[2] Características críticas são aquelas que possuem especificações que objetivam atender os anseios dos clientes e que se não forem seguidas podem comprometer o desempenho, a durabilidade ou a aplicabilidade do produto.

Há duas classes principais de cartas de controle:

- Por variáveis: baseiam-se em medidas em uma escala contínua. Por exemplo: diâmetro (mm), pressão (psi).
- Por atributos: baseiam-se na presença ou não de um atributo. Por exemplo: presença ou ausência de trinca, presença ou ausência de folga.

Pelo fato de se ter somente cartas de controle por variável na Delphi-Harrison, esse tipo de carta será tratado com mais detalhes. Um exemplo dela pode ser encontrado na Figura 2.2, em que é considerado o diâmetro KPC5 do módulo CRFM-1800,[3] medido em milímetros.

Como pode ser observado pela Figura 1.2, o trabalhador coleta as amostras[4] do processo, faz as medições, anota na carta o valor medido, calcula a média e a amplitude dos valores medidos, marca o ponto na carta e identifica a necessidade de tomada de ações locais ou por parte dos coordenadores da fábrica.

Entretanto, para se colocar uma carta de controle na fábrica, é preciso seguir os passos descritos no esquema operacional de controle da Figura 1.3.

No projeto de um produto, o projetista determina um valor nominal, um valor máximo e um valor mínimo, definidos como limites de especificação de projeto. Esses limites determinam as exigências mínimas para que o produto possa atender a finalidade para qual foi elaborado. Na Figura 1.2 esses valores estão definidos no campo especificação (54,5 ±3,0 mm), localizado no cabeçalho da carta.

Com o início da produção, a primeira carta de controle conterá apenas os limites de especificação e verificar-se-á se será possível atender às especificações do produto, ou seja, se será possível produzir dentro dos limites de especificação. A partir dela, serão calculados os limites de controle para as cartas seguintes. Esses

---

3 Modelo de radiador para os carros da General Motors.
4 Na Delphi-Harrison são medidas cinco peças por amostragem.

limites são calculados em função dos resultados do processo e são obtidos a partir dos dados coletados no processo, indicando se ele está sob controle estatístico. Todas as fórmulas para cálculo dos limites de controle e demais índices estatísticos estão definidas nos manuais de qualidade da Delphi-Harrison.

Se as médias estiverem dentro dos limites de controle e o processo estiver produzindo peças com pouca variação de uma para a outra, não considerando a descentralização em relação a nominal, isto indicará que o processo está sob controle ou o processo é estável. Caso alguma média esteja fora dos limites, o processo está fora de controle ou instável e o operador deverá verificar e corrigir os problemas ou comunicar imediatamente a coordenação da fábrica, o que implica uma ação no local ou no posto de produção.

DELPHI
Automotive Systems

CARTA $\bar{X}$ - R

RQS - 024 Rev. 00 de 23/12/97

No.: 92 / 03
ANO: 1.999
PEÇA NOME: Módulo CRFM- 1800
ESPECIFICAÇÃO: 54,5±3,0mm
DESCRIÇÃO DA OPERAÇÃO: Diâmetro KPC5
MÁQUINA: Teste Final
PEÇA: 52 478 889/890
INSTRUMENTO: Paquímetro

DATA DE LEITURA		02/set	08/set	10/set	14/set	17/set	27/set	28/set	30/set	01/out	05/out	06/out	08/out	15/out	19/out
HORA DA LEITURA		10:00	13:05	15:00	09:00	10:00	09:30	11:00	09:00	10:35	09:00	11:00	12:30	09:00	08:30
TURNO		1º	1º	1º	1º	1º	1º	1º	1º	1º	1º	1º	1º	1º	1º
REG. DO OPERADOR		431	431	470	431	431	431	431	431	431	431	431	431	E552	431
LEITURA INDIVIDUAL QT. AMOSTRAS: 05 FREQUÊNCIA 1 x lote / set up	1 -	55,86	55,87	56,01	55,9	55,81	55,87	55,93	55,87	55,95	55,87	56,08	55,81	55,92	55,98
	2 -	55,92	55,83	55,9	55,97	55,69	55,81	56,12	55,98	56,03	55,92	55,81	55,7	55,98	55,81
	3 -	55,88	55,96	55,87	56,15	56,01	55,78	55,89	56,13	56,17	55,89	55,79	55,78	56,02	55,97
	4 -	56,07	56,15	56,04	55,81	55,83	55,92	55,85	55,93	55,81	56,12	55,91	55,99	55,84	56,14
	5 -	56,03	55,97	55,98	55,96	56,15	55,8	55,92	55,83	55,93	55,91	55,97	55,83	55,8	55,86
SOMA		279,76	279,78	279,8	279,79	279,49	279,18	279,71	279,8	279,89	279,71	279,56	279,11	279,56	279,76
$\bar{X}$ = MÉDIA		55,95	55,95	55,96	55,95	55,89	55,83	55,94	55,96	55,97	55,94	55,91	55,82	55,91	55,95
R = AMPLITUDE		0,21	0,32	0,17	0,34	0,46	0,14	0,27	0,3	0,36	0,25	0,29	0,29	0,22	0,33

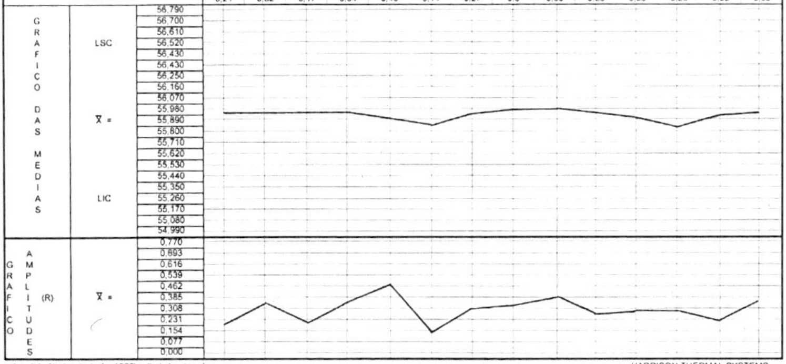

c:\qualidad\iso\cartas\crfm-1800\radiador\cartas.xls   HARRISON THERMAL SYSTEMS

FIGURA 1.2 – Exemplo de uma Carta de Controle por Variáveis. Fonte: Delphi Automotive Systems.

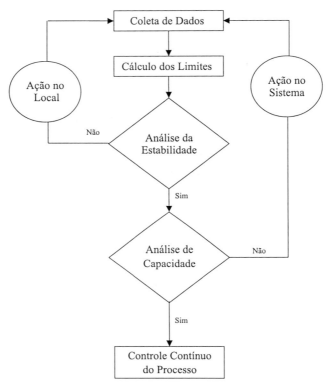

FIGURA 1.3 – Esquema Operacional de Controle de Processos. Fonte: Dorsey, Rocha & Associados (s.d.).

O passo seguinte é a análise da capacidade do processo, uma vez que a estabilidade de um processo não tem nenhuma relação com sua capacidade de atender às especificações. Um processo estável não implica um processo capaz e vice-versa. Estando o processo sob controle, ele deve ser avaliado quanto à capacidade de se produzir peças dentro das especificações, ou seja, se a distribuição das médias está centralizada em torno da nominal. Os índices estatísticos CP e CPK indicam quanto o processo é capaz de satisfazer as especificações do projeto, ou seja, de produzir dentro da tolerância, considerando que a variação natural do processo é normalmente definida como seis vezes o desvio padrão.

Um processo é *estável* e *capaz* quando os índices CP e CPK são iguais ou maiores que 1,33. Esse valor indica que 99,994% das peças produzidas estão dentro das especificações, ou seja, a cada 1 milhão de peças produzidas, sessenta estarão fora da especificação. O índice CP está relacionado com a capacidade do processo de produzir peças iguais (mínima variação de uma peça à outra), mas não considera a descentralização do processo com relação à nominal. Por esse motivo ele é chamado de índice de capacidade potencial do processo, pois informa apenas se a distribuição normal "cabe" dentro da especificação. Já o índice CPK mostra a centralização do processo relacionado à média dos valores das peças produzidas com o valor-alvo da peça, que é a medida nominal. A Figura 1.4 ilustra essa relação entre os índices CP e CPK considerando a distribuição normal das amostras.

A avaliação da capacidade do sistema é feita no final do preenchimento da carta de controle e, dependendo dos resultados obtidos, requer uma ação de todos envolvidos no processo, como engenharia, gerência, coordenação da fábrica e trabalhadores. Como esses cálculos requerem muitas operações matemáticas, normalmente o departamento de qualidade é responsável por essa tarefa no final do preenchimento de uma carta de controle como da Figura 1.2 e o trabalhador não tem conhecimento direto sobre esses dados.

Calculada a capacidade do processo, os quatro casos possíveis de serem encontrados são:

Caso 1 – Processo estável (sob controle) e capaz: situação adequada. Não há pontos fora dos limites de controle e os índices CP e CPK estão iguais ou superiores a 1,33.

Caso 2 – Processo estável (sob controle), porém incapaz: nesse caso o processo não é capaz de produzir dentro dos limites de especificação.

Caso 3 – Processo instável (fora de controle), mas capaz: o processo é capaz de produzir de acordo com as especificações, no entanto, apresenta em determinados momentos instabilidades como pontos fora dos limites de controle.

Caso 4 – Processo instável (fora de controle) e incapaz: esta é a pior situação que se pode ter e indica sérios problemas no processo.

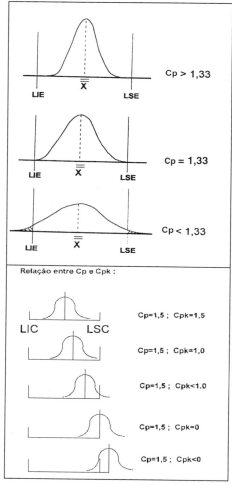

FIGURA 1.4 – Relação entre CP e CPK.

Constantemente, o processo deve ser monitorado para controlar as variações das características críticas do produto. Quando o processo está sob controle estatístico, com índices CP e CPK acima de 2,0, é possível aplicar um outro tipo de carta de controle denominada autocontrole. Nesse tipo de carta, o trabalhador executa as medições e marca o valor diretamente na carta, sem precisar calcular média e amplitude. Trata-se de uma ferramenta gráfica, que permite ao próprio operador tomar decisões em função dos resultados de controle que vão sendo obtidos ao longo de um processo. O gráfico é dividido em três regiões básicas: vermelha, amarela e verde, em analogia às cores do farol de trânsito (Machado, 1997), e conforme a localização dos pontos nessas faixas o trabalhador deve tomar alguma decisão. A Figura 1.5 ilustra um exemplo de uma carta de autocontrole preenchida e no capítulo 3 podem ser encontrados os procedimentos para a tomada de decisão.

Just-in-Time e Kanban

Just-in-Time e *Kanban* representam os melhoramentos advindos do *Kaizen*. O conceito de *Just-in-Time* significa fazer somente o que é necessário, quando necessário e na quantidade necessária. *Just-in-Time* é muito mais que redução de estoques, é uma estratégia de produção com o objetivo de reduzir os custos totais e melhorar a qualidade dos produtos. Esse sistema se baseia em três aspectos principais (Moura,1989):

- empenho para evitar as perdas;
- compromisso de fabricar produtos de qualidade perfeita;
- grau sem precedente de envolvimento de todas as pessoas em todos os níveis de decisão.

Um dos instrumentos essenciais para a implantação do *Just-in-Time* é o sistema *Kanban*: um sistema não-computadorizado, de controle de chão de fábrica, que transmite informações da produção aos postos de trabalho interligados. Isso é feito por meio de recursos visuais (cartões ou etiquetas), reduzindo o tempo de espera, diminuindo o estoque, melhorando a produtividade e interligando todas as operações em um fluxo uniforme e ininterrupto (Moura, 1989).

O sistema de *Kanban* foi criado por Taiichi Ohno, ex-vice-presidente da Toyota, da mesma forma que o *Just-in-Time*, com intenção de desenvolver um sistema próprio de produzir veículos, com o mesmo desempenho das indústrias americanas e européias. Suas idéias são inspiradas no funcionamento de um supermercado com as pra-

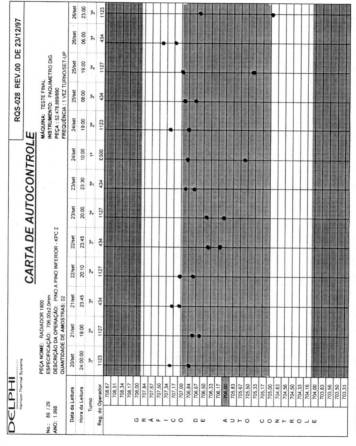

FIGURA 1.5 – Exemplo de uma Carta de Autocontrole. Fonte: Departamento de Qualidade – Delphi-Harrison.

teleiras de produtos em exposição. À medida que os clientes pegam mercadorias das prateleiras, estas são repostas, obedecendo com isso a uma demanda real. Dessa idéia surgiu uma nova maneira de processar a produção. Do antigo sistema de "empurrar", que significa processar antes do pedido, ocorrendo uma antecipação a uma necessidade, criou-se um sistema onde a produção é "puxada" (*Pull System*), isto é, nada é processado até que seja feita uma solicitação ou pedido.

Assim, o sistema *Kanban* tem como principal objetivo sinalizar essa demanda, convertendo a matéria-prima em produtos acabados, com tempo de espera iguais ao tempo de processamento, eliminando todo o tempo em fila de materiais e estoque ocioso. Em termos gerais, o objetivo é regular o fluxo de materiais nas linhas de produção e reduzir os inventários a quase zero.

O sistema em geral segue uma regra básica preestabelecida que rege todo o seu funcionamento, ou seja, nenhuma peça pode ser fabricada a não ser que exista um *Kanban* de produção autorizando. Quando não existem *Kanban*s de produção solicitando produção, os operários podem fazer a manutenção dos equipamentos, trabalhar em grupos de melhoria ou participar de treinamentos.

No sistema *Kanban* quem determina o ritmo e as quantidades é a montagem final e o seu fluxo é contrário ao do material. Assim, a montagem final solicita ao centro de trabalho imediatamente anterior as peças necessárias à realização do pedido. Este solicita o mesmo ao centro de trabalho anterior e assim por diante. Os *Kanban*s então são responsáveis por todo esse processo de comunicação em que, na retirada de um material, se troca o *Kanban* e se leva o material para o próximo centro de trabalho. O *Kanban* de produção é então afixado no painel de produção como uma indicação de que novas peças deverão ser produzidas.

O sistema *Kanban* proporciona melhorias significativas, principalmente relacionadas a qualidade e produtividade, entre elas:

- Fluxo de produção mais uniforme e contínuo.
- Rápidas trocas de ferramentas e equipamentos.
- Mudança dos procedimentos de trabalho, para uniformizar o fluxo da produção, o que significa aumento do número de tarefas diferentes que cada operário pode executar.

- Redução do espaço utilizado em decorrência de menores inventários e tempos reduzidos de espera.

A participação humana é vital para o sistema *Kanban*, em que todo o sistema é operado pelo trabalhador no chão de fábrica que recebe a responsabilidade total pelo controle diário da produção e do inventário nas suas mãos. Por essa razão, o sistema *Kanban* não é simples de ser aplicado, não pela sua dificuldade como sistema, mas sim por sua filosofia que exige de todos uma imensa predisposição à ação e a melhorias contínuas.

Assim, enquanto *Just-in-Time* é uma filosofia completa de administração industrial, *Kanban* é uma técnica de gestão de materiais e de produção "puxada". Existe uma interdependência entre esses dois elementos de forma a permitir o fluxo uniforme das linhas de produção.

Sistema de Produção Pós-Enxuta

A implantação de uma nova fábrica da Toyota em Kyushu, que incorpora todas as características das demais plantas da Toyota Motor Co., complementada com considerações ecológicas e humanistas, fez surgir o que alguns autores denominam de sistema de Produção Pós-Enxuta ou *Pos-Lean Production* (Fleury & Fleury, 1997). Essa fábrica entrou em operação em dezembro de 1992 e possui atualmente dois mil funcionários, produzindo carros de passeio como: Mark II, Chaser, Windom, Harrier.

Nela, os aspectos ecológicos e humanistas foram analisados e considerados na concepção da fábrica, como por exemplo, a diminuição dos níveis de ruídos e de vibrações, a iluminação natural dos ambientes e a escolha de cores que procuram proporcionar conforto ao trabalhador, a plantação de um bosque de cerejeiras em torno da fábrica,[5] as áreas de descanso e toaletes espalhados por toda a fábrica.

---

5 Foi plantado um bosque de cerejeiras em torno da fábrica para que futuramente "o carro saia da floresta".

Quando professor visitante nas instalações da unidade Motomachi, localizada em Toyota City, Japão, fundada em agosto de 1959, considerada a planta-mãe e tendo, aproximadamente, 6.600 trabalhadores, já foi possível observar, além de todos os princípios do sistema Toyota de produção, uma fortíssima valorização do aspecto humano, com o oferecimento de uma grande variedade de programas de treinamento e de capacitação profissional que ajudam o trabalhador a desenvolver suas capacidades e habilidades. Esses programas são pautados no desenvolvimento da criatividade, da atitude positiva e do senso de responsabilidade. Isso implanta na companhia o slogan "*Good Thinking, Good Products*", em que cada trabalhador pode ajudar a reduzir custos e melhorar a qualidade do que se produz por meio de um forte sistema de sugestões. Por exemplo, no ano de 1997, o número de sugestões submetidas foram de 727.884 e o percentual adotado foi de 98% o que implica em aproximadamente 10,3 sugestões/ano por trabalhador (Toyota Motor Corporation, 1999).

Além disso, o ambiente na fábrica reflete a preocupação da empresa com o aspecto humanista, com um controle rígido de ruídos, com áreas para descanso, com mesas para reuniões espalhadas na fábrica e, surpreendentemente, com uma academia de ginástica localizada exatamente no meio das linhas de produção. Um dos aspectos muito interessantes também observados foi a constante presença de música na fábrica, muitas delas para indicar uma determinada operação. Por exemplo, quando é necessário buscar novos *kanbans*, uma música toca na fábrica; quando um carrinho de transporte cruza uma determinada área de segurança, uma outra música alerta para o fato e assim por diante. A impressão que se tem é de um ambiente orquestrado e harmonioso.

Existe uma grande preocupação com a harmonia social e ambiental com um outro dos seus slogans: "*For People, for Society, for the Earth*".

Outro aspecto notado foi a preocupação com o bem-estar de seus funcionários com o oferecimento de uma série de facilidades como: assistência médica total em um moderno hospital da companhia instalado ao lado da unidade Motomachi; um fundo para a família Toyota que inclui o financiamento de educação para os trabalhadores e seus dependentes, despesas com funerais e situações de invalidez; um conjunto de apartamentos, dormitórios e casas para todos que necessitarem; enormes áreas de lazer para os trabalhadores e familiares com atividades esportivas e sociais.

Essa preocupação vem ao encontro do que Moraes (1997) ressalta quanto à necessidade de redirecionar a política, cuja ênfase está no produto e no lucro para o progresso humano e pela realização e satisfação pessoal. É o trabalho sendo meio de gratificação e auto-realização, com uma nova cultura voltada para o desenvolvimento do ser humano.

2 FORMAÇÃO DE RECURSOS HUMANOS NAS EMPRESAS E APRENDIZAGEM ORGANIZACIONAL

Segundo Nonaka & Takeuchi (1997), o sucesso das empresas japonesas não se deve apenas a sua capacidade de fabricação; ao acesso a capital de baixo custo; às relações estreitas e de cooperação com os clientes, fornecedores e órgãos governamentais; ou ao emprego vitalício, critérios de senioridade e outras práticas de gestão de recursos humanos, mas principalmente a sua capacidade de criar novos conhecimentos, difundi-los na organização e incorporá-los aos produtos, serviços e sistemas.

Atualmente, dentro desse contexto, desenvolveu-se a idéia do que muitos pesquisadores chamam de Aprendizagem Organizacional, que pode ser entendida como a capacidade das organizações "em criar, adquirir e transferir conhecimentos e em modificar seus comportamentos para refletir estes novos conhecimentos e *insights*" (Garvin, 1993, p.80). Isso implementa um mecanismo pelo qual os trabalhadores contribuem para o desempenho da empresa por meio da aplicação dos seus conhecimentos e habilidades em resolver problemas e de inovar constantemente. Cria-se a organização que aprende e que gera conhecimento.

Entretanto, uma análise dos programas de formação de recursos humanos nas empresas[1] mostra que pouco ou quase nada se fez

---

1 Essa análise é fundamentada por uma série de visitas realizadas pelo autor em empresas no Brasil e, especialmente, em empresas conceituadas no cenário internacional, como a Toyota Motor Company no Japão e a Volkswagen na Alemanha. Nessas empresas, o autor esteve como pesquisador visitante e na última também como jovem pesquisador patrocinado pela Fundação Volkswagen da Alemanha.

para o desenvolvimento de novas metodologias para capacitar o trabalhador a essa nova situação. Mesmo com as novas tecnologias, os métodos são similares àqueles que já estão sendo práticos há alguns anos (Bassi, Cheney & Buren, 1997). Além disso, como afirma Drucker (1993), o desafio não está na tecnologia, mas sim no uso que faremos dela. A implantação de uma cultura de aprendizagem é sempre dissociada de um programa de formação que não considera o ambiente, as pessoas e a realidade, o que leva à total falta de contexto e de significado para os trabalhadores.

Por outro lado, o uso adequado das tecnologias e do computador, pautado em uma abordagem que promova a construção e, conseqüentemente, a criação de conhecimento, aliado a uma metodologia de capacitação e avaliação eficaz, pode contribuir na construção de uma organização que aprende e cria conhecimento, formando o trabalhador que compreende o que faz, permitindo que grupos reflitam, exponham, testem e aperfeiçoem os modelos mentais nos quais se baseiam ao enfrentar problemas ou tomar decisões na fábrica. Além disso, é possível construir uma linguagem comum entre os trabalhadores, favorecendo o diálogo e a comunicação por meio de um processo de capacitação de recursos humanos usando essa tecnologia. O computador se transforma em um catalisador de mudanças (Schlünzen, E. T. M., 1998) que contribui para a formação de um ambiente e de uma cultura de aprendizagem.

APRENDIZAGEM ORGANIZACIONAL

O panorama descrito por Clark & Sloan (1956) sobre o trabalho de formação desenvolvido nas fábricas da metade do século XX pode ser resumido como um conjunto de programas de orientação profissional que envolviam trabalhadores iniciantes e antigos.

Para os trabalhadores iniciantes eram oferecidos cursos ou palestras sobre questões organizacionais, de segurança, de comunicação, entre outros. Para os antigos, cursos de orientações técnicas e de engenharia faziam parte das atividades de formação desenvolvidas.

Os métodos de ensino utilizados consistiam em demonstrações em classe, visitas à fábrica, discussão e seminários sobre problemas práticos e cursos teórico-práticos. Cada aluno era avaliado por suas habilidades, por suas características pessoais e por sua *performance*. Isso era feito por meio de avaliações escritas, entrevistas, questionamento oral e observação dos participantes nas atividades. Ao final de cada programa, eram distribuídos certificados de participação e aproveitamento.

As orientações dos cursos eram muito variadas, mas de maneira geral tinham como objetivo comum dar aos trabalhadores uma visão geral da empresa ou voltavam-se, basicamente, para aspectos técnicos. Além disso, as pessoas responsáveis pelos cursos eram gerentes de departamentos, instrutores de trabalho, pessoas com experiência selecionada pelos próprios gerentes, ou companhias especializadas em treinamento profissional.

Por fim, muitas companhias da época já ofereciam a seus empregados oportunidades para continuar seus estudos em escolas ou universidades.

O que encontramos hoje, mesmo com o surgimento de novas tecnologias baseadas no computador e automação cada vez maior da produção, é uma realidade não muito diferente dessa descrita há, praticamente, quarenta anos. As empresas infelizmente continuam a se utilizar dos mesmos métodos e pouco têm mudado com relação a seus programas de formação que transformam os trabalhadores em meros receptores de informações.

Isso pode ser observado com visitas realizadas nas empresas, onde a estrutura atual de formação é muito similar àquela descrita por Clark & Sloan (1956), mesmo considerando empresas já funcionando nos moldes da Produção Enxuta. Além disso, o "treinamento tecnológico" oferecido pelas empresas enfatiza o uso do equipamento, em que o trabalhador aprende a apertar botões mas não a tomar decisões e resolver problemas (Schuck, 1997). O processo de aprendizado fica no campo dos objetos e das ações e não são criadas condições para se entender o que se faz e desenvolver uma habilidade intelectual.

Um trecho do relatório do Departamento de Avaliação de Tecnologia dos Estados Unidos (DAT)[2] aponta claramente essas deficiências no treinamento realizado nas empresas:

> Eles nos envolvem no treinamento – o que é o novo equipamento, o que fazer para operá-lo. Mas há muitas teorias, "porquês", fórmulas – e isso eles não divulgam. Portanto, se um problema volta a acontecer, precisamos chamá-los para resolvê-lo. Nós não sabemos por que as coisas acontecem; eles não nos ensinaram isso. Não existe um treinamento completo... Eles não nos dão conhecimento para que possamos pensar sozinhos. (apud, Schuck, 1997, p.245)

Esse mesmo relatório indica claramente a falta de uma cultura de aprendizagem nas empresas em geral, definindo o treinamento como tipicamente reativo, expresso por um operário como "reação à encrenca":

> Se a fábrica está funcionando bem, tudo bem. Aí não precisamos de treinamento. É essa a atitude da gerência. Quando as coisas não estão correndo às mil maravilhas, eles dizem: "Precisamos de ajuda. É melhor a gente treinar esse pessoal". Mas não entendem que devíamos estar treinando o tempo todo. Temos sempre alguma coisa para aprender, de modo que esse negócio devia ser contínuo. (Ibidem)

A estrutura educacional e de formação profissional não é mais adequada ao momento em que vive a indústria. Os métodos de ensino utilizados mantêm o trabalhador em uma situação passiva, receptora de informações, que não estimula o diálogo e a participação coletiva. Isso é um paradoxo pois é exatamente o contrário do que se espera dele no ambiente de trabalho.

Esse modelo se baseia na escola que apenas consome conhecimento e que no entanto deveria gerá-lo (Valente, 1999c). É necessário passar para uma educação em que o trabalhador possa construir o seu conhecimento, considerando que é necessário um profissional que compreenda o que faz.

---

2   Em inglês *Office of Technology Assesment*.

Lamentavelmente as escolas e as universidades não oferecem soluções para esses problemas e, pior, não preparam o profissional para atuar nesse novo ambiente, em que um novo conceito de trabalhador exige características intelectuais, por meio da capacidade de resolver problemas, da criatividade, do senso crítico e da participação efetiva e responsável. A escola e a universidade acabam reproduzindo os métodos anteriormente descritos que não levam à criação de um ambiente em que se desenvolvem as características esperadas em um profissional.

Por outro lado, soluções para os problemas de capacitação de pessoal estão sendo procuradas cada vez mais pelas empresas e surge uma enorme necessidade de desenvolvimento de metodologias e ferramentas de aprendizagem para atender às profundas modificações que as empresas estão enfrentando em decorrência do novo paradigma de Produção Enxuta e das novas tecnologias, requerendo profundas mudanças no ambiente de trabalho, nas políticas, nos procedimentos da empresa e na qualificação do trabalhador. É preciso repensar os programas de formação para transformar o local de trabalho em um ambiente de aprendizagem, redefinindo os papéis dos trabalhadores de forma a se tornarem parceiros na criação desse ambiente.

Considerando o aspecto de implantação do processo de formação, a questão se torna ainda muito mais complexa uma vez que a empresa com Produção Enxuta mal pode dispor de um funcionário da linha de produção para assistir a um curso ou participar de qualquer atividade de formação. O que se pode dizer então de um grupo de funcionários? As conseqüências para a produção poderiam ser muito significativas, uma vez que o termo Enxuta se refere também ao número de trabalhadores em uma linha de produção.

Além disso, é praticamente impossível definir com exatidão qualquer plano e cronograma de formação pelo fato da fábrica funcionar *Just-in-Time*, uma vez que a programação da produção deve ser cumprida impreterivelmente com o risco de prejuízo para o seu cliente, inviabilizando qualquer trabalho de formação quando ocorre algum problema na produção. O conceito de aprendizagem organizacional é simples, porém existe uma dificuldade muito grande em operacionalizá-lo no quotidiano organizacional (Fleury & Fleury, 1997).

O melhoramento contínuo, *Kaizen*, um dos pilares da Produção Enxuta, requer um comprometimento constante com a aprendizagem (Garvin, 1993). Assim, é preciso desenvolver uma dinâmica permanente de aprendizagem e de inovação e superar a concepção Taylorista que separa aqueles que pensam e aqueles que fazem.

Assim, as organizações com modo de Produção Enxuta devem desenvolver dentro de si algumas características fundamentais, algumas delas definidas por Senge (1990): pensamento sistêmico, modelos mentais, visão compartilhada, aprendizagem em grupo e uma outra que será acrescentada que é *empowerment*.

A primeira delas é enxergar as empresas e organizações como sistemas que formam um todo, mas que se relacionam intimamente com as partes. Assim, todo e parte não podem ser dissociados e as suas interações e relações devem ser entendidas. Resgata-se então o contexto, uma vez que o pensamento sistêmico é contextual (Capra, 1996; Moraes, 1997) e não analítico. A análise significa isolar uma das partes e tratá-la separadamente. O sistêmico significa colocá-la no contexto de um todo mais amplo e essa característica contextual é importante para a abordagem de formação de trabalhadores que será utilizada neste livro.

Os modelos mentais, a segunda característica, são idéias enraizadas, generalizações e mesmo imagens que influenciam o modo como as pessoas vêem o mundo e suas atitudes, moldando nossa forma de agir (Senge, 1990). Os modelos mentais representam muito mais que o conceito tradicional de memória, que traz a conotação de um depósito de informações estáticas, mas envolvem a produção ativa de novos conhecimentos. Eles definem um contexto próprio e determinam como o conhecimento será aplicado em determinada situação (Kim, 1996), determinando não apenas a forma como entendemos o mundo, mas também como agimos.

O computador no processo de aprendizagem organizacional pode servir de ferramenta para representar e executar os modelos mentais que são construídos. As implicações disso são a percepção das causas e efeitos, da complexidade do problema e de sua solução. Isso é de fundamental importância pois, à medida que o conhecimento implícito de cada trabalhador torna-se explícito, o modelo mental desse trabalhador será parte integrante do modelo institucional, ou seja, os modelos individuais colaboram para a definição de uma memória organizacional.

Os modelos mentais podem contribuir para a terceira característica: o desenvolvimento de uma visão compartilhada que consiste em reunir as pessoas em torno de uma identidade e de um senso de destinos comuns (Senge, 1990). A existência de uma visão comum, não definida apenas por uma pessoa mas compartilhada com todos, faz que os trabalhadores se comprometam e se envolvam.

Contextualizando essa visão compartilhada e associando-a com a idéia dos modelos mentais, "imagens" definidas do presente podem perfeitamente ser utilizadas no futuro: os cenários. Eles são ferramentas poderosas para melhorar o processo de planejamento estratégico de uma organização e permitem explorar um conjunto de situações que já aconteceram, registrando as soluções dos problemas e deixando as organizações preparadas para o futuro.

Novamente, o computador pode ser uma importante ferramenta para definir, construir, representar, executar e armazenar estas visões e cenários, formando-se uma importante base cognitiva da empresa que poderá ser explorada na construção da memória organizacional. Uma vez feito isso no processo de formação destes trabalhadores, pode-se usar essa tecnologia como instrumento de disseminação, de compartilhamento e de aprendizado das visões e de cenários.

A aprendizagem em equipe é outra característica que deve ser estimulada na organização. O melhor aprendizado é aquele que ocorre em equipes (*Teamwork*) conscientes de que o todo é maior do que a soma das partes, de que existe um bem que transcende ao indivíduo.

A idéia de *Teamwork* determina uma das dimensões definidas por Jenkins & Florida (1995) para promoção da aprendizagem: a organização de trabalhadores em equipes que executam uma determinada tarefa na produção, motivando-os uns aos outros, acompanhando o desenvolvimento e o desempenho de cada um. A formação de equipes ainda promove facilidades de aprendizagem com o exemplo, em que um aprende ensinando o outro. Além disso, promove a formação de grupos para resolução de problemas ou círculos de qualidade, discutindo problemas com a produção e com o ambiente de trabalho. Essa dinâmica será plenamente explorada e aplicada na metodologia definida neste trabalho com a utilização dos multiplicadores-parceiros de conhecimento.

Finalmente, *Empowerment*, uma outra dimensão definida por Jenkins & Florida (1995) consiste em dar poderes ao trabalhador para controlar e ser responsável pela produção, pelo controle da qualidade e por outras funções que seriam tradicionalmente executadas por gerentes ou superiores. Algumas pesquisas mostram que nas empresas em que trabalhadores têm mais controle sobre o seu trabalho e são capazes de desenvolver um conhecimento profundo sobre o sistema de produção, eles têm contribuído para a melhoria do processo e estão empenhados nisso, desejando que a mudança ocorra (ibidem). Isso cria um ambiente que facilita e encoraja o pensamento dos trabalhadores e onde colhem-se as contribuições que eles podem dar à empresa, pois o trabalhador participa ativa e responsavelmente do aprendizado.

O Ambiente de Aprendizagem Organizacional

Além do desenvolvimento das características citadas acima, a questão que se coloca é: Qual é o ambiente ideal para promover a aprendizagem organizacional?

O ambiente de trabalho que leva ao desenvolvimento intelectual do trabalhador é muito bem definido por Paulo Freire (1980, p.80), que escreveu em seu livro *Pedagogia do oprimido*:

> Não há, por outro lado, diálogo, se não há humildade. A pronúncia do mundo, com que os homens o recriam permanentemente, não pode ser um ato arrogante. O diálogo, como encontro dos homens para a tarefa comum de saber agir, se rompe, se seus pólos (ou um deles) perdem a humildade. Como posso dialogar, se alieno a ignorância, isto é, se a vejo sempre no outro, nunca em mim? Como posso dialogar, se me admiro como um homem diferente,

virtuoso por herança, diante dos outros, meros "isto", em quem não reconheço outros eu? Como posso dialogar, se me sinto participante de um gueto de homens puros, donos da verdade e do saber, para quem todos os que estão de fora são "essa gente", ou são "nativos inferiores"? Como posso dialogar, se me fecho à contribuição dos outros, que jamais reconheço, e até me sinto ofendido com ela?
... Os homens que não têm humildade ou a perdem, não podem aproximar-se do povo. Não podem ser seus companheiros de pronúncia do mundo.

A mais importante característica nesse ambiente é a humildade, que permitirá a criação de um ambiente de troca, onde cada um deve ensinar o que sabe ao outro, sem uma visão de professor/ aluno, mas sim um relacionamento de parceria, de aprendizado mútuo. Um lugar onde se possa obter uma rica fonte de experiências, um ambiente no qual ocorra intensas interações entre os trabalhadores, onde o conhecimento humano é criado, difundido, expandido e usado por todos.

Um ambiente dessa natureza pressupõe uma administração que invista na superação de obstáculos de ordem material, cultural e epistemológica, criando um projeto coletivo de capacitação (Fazenda, 1995), estabelecendo a prática da aprendizagem como um elemento-chave para o propósito e o sucesso da organização. Isso não ocorre no isolamento, mas na medida em que a empresa parte para a troca efetiva com outras instituições, por exemplo, como ocorreu com a universidade nesta pesquisa.

É preciso o envolvimento de todos os participantes, a compreensão da importância da aprendizagem para a empresa e a disposição para mudar. Proporcionar a todos os trabalhadores a capacidade de integrar trabalho e aprendizagem em um mesmo ambiente faz que as pessoas aprendam dentro do seu contexto profissional, com problemas do mundo real, uma vez que a aprendizagem não acontece em fases e lugares separados, mas integrados no processo de trabalho (Fischer, 1999).

No entanto, administradores e gerentes devem assegurar que todos os membros da organização possam contribuir na solução dos problemas e na definição de políticas e estratégias. Isso requer também a garantia de que as informações possam ser acessíveis de forma a possibilitar a participação consciente e competente nos processos de tomada de decisão.

Outro aspecto importante nesse ambiente é a facilidade de comunicação que deve existir entre os departamentos, unidades e trabalhadores, que possibilitará a importante troca de informações, experiências e resultados. Além disso, os erros e problemas devem ser compartilhados e não escondidos ou camuflados. Com esse cenário, todos sentem-se livres para expressar o seu pensamento e com isso contribuem para a solução de problemas na empresa. Cria-se uma cultura organizacional que promove uma cultura de aprendizagem, o que permite uma nova mudança de paradigma, ou seja, a transformação de uma organização qualificada para uma organização qualificante.

Organizações Qualificadas x Qualificantes

O conceito de uma organização qualificada leva a entender o processo de aprendizagem dentro de uma empresa como algo estático, que depende inteiramente do perfil de contratação de mão-de-obra[3] pelo departamento de recursos humanos.

Segundo Fleury & Fleury (1997, p.48), uma organização qualificada é aquela que atende a quatro aspectos:

- trabalho em equipe ou células;
- autonomia e responsabilidade delegada às células buscando melhoria de desempenho em qualidade, custos, produtividade etc.;
- diminuição dos níveis hierárquicos e o desenvolvimento na gestão de recursos humanos;
- reaproximação das relações entre as funções da empresa.

---

[3] As grandes empresas brasileiras e multinacionais já estão exigindo curso técnico para a contratação de operários em suas linhas de produção. O que se evidencia atualmente é que muitos desses operários já possuem curso superior ou estão cursando.

Já o conceito de uma organização qualificante define algo dinâmico, uma transformação da empresa em uma "escola" em que a aprendizagem é contínua. Isso vem ao encontro de uma das funções definidas por Womack, Jones & Roos (1994) para uma empresa de Produção Enxuta, ou seja, ela deve servir como uma escola que sumariza conhecimentos, busca e cria novos e ensina-os aos seus membros, incentivando o aprendizado e o desenvolvimento das capacitações e competências. Evidentemente, essa escola não é a que encontramos hoje, baseada meramente na transmissão de informações.

Para se transformar uma organização qualificada em qualificante, é preciso atender outras quatro dimensões (Fleury & Fleury, 1997, p.49):

- ter como centro a inteligência e o domínio de situações de imprevisto;
- estar aberta para a explicitação da estratégia empresarial com os trabalhadores em todos os níveis;
- favorecer o desenvolvimento da co-responsabilidade em torno dos objetivos comuns, criando vínculos de interação e de comunicação entre áreas e competências;
- dar conteúdo dinâmico à competência profissional, ou seja, permitir que os trabalhadores invistam em projetos de melhoria permanente.

Considerando todos esses aspectos, não basta apenas uma empresa contratar trabalhadores com bom nível de qualificação profissional. É preciso cultivar nas pessoas o comprometimento e a capacidade de aprender em todos os níveis da organização (Senge, 1996). Com isso, modificamos a cultura da empresa, em termos de hábitos, valores e orientações, que deve estar apoiada em uma metodologia que favoreça a formação e o desenvolvimento dos seus recursos humanos. É dar uma dinâmica ao processo de formação alcançando um estágio de responsabilidade auto-sustentável para o desenvolvimento intelectual, profissional, social e emocional do trabalhador.

O COMPUTADOR NO PROCESSO ENSINO–APRENDIZAGEM

O uso de novas tecnologias, em especial, do computador, está provocando sensíveis melhorias no processo ensino-aprendizagem em muitas escolas e em projetos de pesquisas envolvendo a Educação em geral, apresentando resultados importantes com relação à identificação dos esquemas mentais dos alunos e à forma de resolução de problemas adotada (Valente, 1993).

No contexto da empresa, o computador pode auxiliar o desenvolvimento e a avaliação de todo o processo ensino-aprendizagem, por meio de métodos e de *softwares* que permitam que o aprendizado aconteça por meio do fazer, do colocar a "mão na massa" (Valente, 1997b), que se assemelha às atividades cotidianas da fábrica.

O computador no processo ensino-aprendizagem contempla duas abordagens distintas: aquela que considera-o como máquina de ensinar, conhecida como abordagem Instrucionista e a outra que coloca o aprendiz na condição de quem "ensina" o computador, representando a resolução de um problema, é denominada abordagem Construcionista.

Abordagem Instrucionista x Construcionista

Na abordagem Instrucionista, o computador é colocado na função de quem ensina o aprendiz, cumprindo um papel semelhante ao de um professor que repassa informações, caracterizando uma informatização dos métodos tradicionais de ensino. Essa categoria é representada por um grande número de *softwares*, em que se incluem os primeiros sistemas Computer Assisted Instruction (CAI), os tutoriais e alguns *softwares* de simulação e jogos.

Nas empresas, o uso de tutoriais começou a ser difundido com o que foi denominado de *Computer-Based Training* (CBTs), desenvolvidos por membros da empresa ou por outras empresas especializadas na área. Essa categoria de *software* está baseada no treinamento de habilidades, na memorização e assimilação de conteúdos, por meio da prática de ações repetitivas. O material instrutivo é apresentado ao trabalhador que, por sua vez, responde sobre o conteúdo mostrado e o computador informa se a resposta é correta ou não. Os exemplos mais comuns de CBTs são os *softwares* que abordam aplicativos do Windows e são destinados ao pessoal administrativo das empresas.

A proposta com essa abordagem é reduzir o tempo de treinamento e de horas de trabalho de um instrutor; individualizar a aprendizagem, ou seja, o usuário pode seguir o seu ritmo de curso independentemente; proporcionar *feedback* imediato; "transferir" conhecimento consistente, preciso e padronizado.

Apesar dos CBTs representarem uma grande variedade de aplicações no campo empresarial, eles apresentam uma linha de conduta que tende a refletir o atual sistema educacional, muito criticado por lembrar, dentre muitas outras coisas, o modelo fordista de produção, em que a criatividade e o saber pensar não são explorados, as tarefas são simples, repetitivas e psicologicamente tediosas. Como esses sistemas em geral são pacotes de *softwares* fechados, desenvolvidos muitas vezes fora do contexto da empresa, podem não favorecer o desenvolvimento da capacidade de raciocínio e da criatividade do trabalhador que não consegue associá-los às suas experiências de trabalho e ao seu contexto.

Os diálogos entre o usuário e o computador normalmente são pobres, pois o *software* não possui condições de prever e analisar respostas que fogem de um diálogo "convencional" já preestabelecido. Isso prejudica muito a avaliação pois não permite identificar com clareza o modelo mental do usuário, uma vez que esse tipo de sistema não considera uma resposta imprevista.

Já a abordagem construcionista, definida por Papert (1986) como a construção do conhecimento por meio do computador, representa a segunda abordagem e uma alternativa mais sintonizada com o tipo de formação que se deseja. O computador deixa de ser um meio de transferir informação e passa a ser uma ferramenta pela qual pode-se formalizar e explicitar o conhecimento, em que o aprendiz está desenvolvendo e expressando seu próprio entendimento sobre determinado assunto. Isso requer a descrição da solução do problema, reflexão sobre os resultados obtidos e depuração dos erros cometidos. Portanto, a aprendizagem se dá no momento em que o aluno passa a usar o *software* para expressar o seu entendimento sobre um determinado assunto e isso ocorre em um processo cíclico de descrição, execução, reflexão e depuração (Valente, 1993), conforme ilustra a Figura 2.1.

Nesse ciclo, o aprendiz, por meio do *software*, é capaz de dar uma descrição precisa de suas idéias e em seguida observar se essas idéias são corretas com o produto apresentado pelo computador, fruto da execução da descrição do aprendiz. Com isso, é possível refletir sobre o resultado obtido e, se não for o esperado, identificar e corrigir em um processo de depuração do conhecimento.

A realização desse ciclo estimula a criatividade, a busca de melhorias contínuas (*Kaizen*), a geração de novos conhecimentos, caracterizada principalmente pelo despertar do interesse no próprio aprendiz.

Entretanto, como essa abordagem explora a construção do conhecimento por meio da livre exploração, é necessário que se tenha facilitadores/agentes de aprendizagem bem formados para orientar, estimular e instigar o aprendiz na formalização e explicitação do seu conhecimento e na exploração dos recursos oferecidos por esse tipo de aplicação, criando um ambiente de indagação.

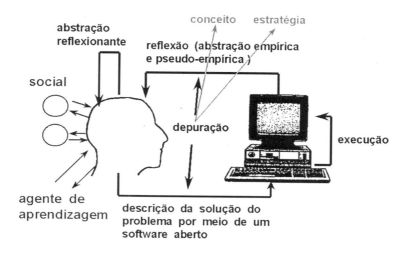

FIGURA 2.1 – O Procedimento Cíclico de Descrição, Execução, Reflexão e Depuração do Conhecimento. Fonte: Valente (1999b).

Dentro dessa proposta de uso do computador, encontra-se o trabalho pioneiro de Seymour Papert com a implementação da Linguagem Logo (Papert, 1985 e 1986), *software* de autoria multimídia, processadores de texto, entre outros.

A Abordagem Construcionista na Aprendizagem Organizacional

Considerando a aprendizagem dentro de uma organização, o computador deve ser um instrumento que auxilie o trabalhador na construção do seu próprio conhecimento. Deve ser uma ferramenta que proporcione a esse trabalhador a oportunidade de compreender o que faz e expressar-se, ou seja, resolver um problema segundo o seu entendimento de determinado assunto, fazendo simulações, testando hipóteses, buscando informações, descrevendo e refletindo sobre os resultados encontrados, depurando suas idéias, exercitando sua criatividade e melhorando suas idéias e ações (*Kaizen*). Assim, os ambientes computacionais com essa concepção poderão auxiliá-lo no processo de aprendizagem e, dependendo da forma que os utilize, todo o ciclo descrição-execução-reflexão-depuração-descrição (Valente, 1993) da Figura 2.1 poderá ser realizado pelo aprendiz.

Isso permite a construção de um aprendizado individual (Kim, 1996), em que o trabalhador expressa o seu entendimento sobre o assunto ou a resolução de um problema usando o computador como ferramenta. O ciclo definido por Valente (1993) permite a explicitação e formalização desse conhecimento que define o modelo mental do trabalhador (cenários) e o ciclo de aprendizagem individual. Além disso, permite experimentar novas situações, aprender por meio de experiências anteriores e transferir conhecimento de modo rápido e eficiente por toda a organização.

A incorporação desses modelos mentais individuais podem colaborar para a criação de uma memória da organização, o que permitiria estendermos o ciclo da Figura 2.1 para um ciclo de aprendizagem organizacional, como descrito na Figura 2.2.

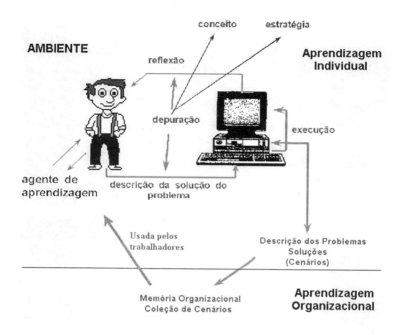

FIGURA 2.2 – Ciclo de Aprendizagem Organizacional. Adaptado de Valente (1999b).

O modelo de construção de um ambiente em que se promova a aprendizagem organizacional, com base na formação de trabalhadores que compreendem o que fazem, deve consistir em um conjunto de práticas que definem as dimensões inter-relacionadas e descritas anteriormente: pensamento sistêmico, modelos mentais, visão compartilhada, aprendizagem em equipe e *empowerment* (Schlünzen, 2000a e 2000b).

Tomando por base essas dimensões citadas e as características dos *softwares* com abordagem construcionista, não é difícil encontrar uma relação entre esses elementos.

O pensamento sistêmico é perfeitamente explorado pois os *softwares* com essa abordagem são propícios à experimentação sem riscos e pressões, integrando o ambiente computacional ao mundo real, permitindo a construção de um micromundo[4] onde os trabalhadores podem refletir, expor, testar e aperfeiçoar os modelos mentais nos quais se baseiam para enfrentar os problemas. Segundo Senge (1990), na organização que aprende do futuro, os micromundos serão tão comuns quanto as reuniões de negócios, focando a criação de realidades alternativas futuras.

Na realização do ciclo descrição, execução, reflexão e depuração (Valente, 1993), a descrição que o trabalhador dá para a resolução do problema define claramente o modelo mental que expressa não apenas a forma como entende, mas também como age. Com a explicitação e formalização da resolução do problema, temos como subproduto o registro do modelo mental, que pode ser acrescentado à memória da organização. Como ela não deve depender de mecanismos individuais, uma vez que a organização pode perder lições e experiências quando as pessoas migram de um emprego para outro, o ciclo realizado, por meio da ferramenta construcionista e a conseqüente formalização de um modelo mental, permitirá a criação de uma "biblioteca" de modelos. Esta por sua vez, permitirá que os trabalhadores possam aprender com conhecimentos passados e pela experiência de outros.

Com relação à organização como um todo, o processo de resolver problemas e buscar soluções pode envolver vários trabalhadores, o que promove o trabalho colaborativo e cooperativo. Com esse trabalho dá-se a oportunidade aos trabalhadores de compartilhar opiniões e soluções, definindo uma visão compartilhada de problemas e soluções.

O trabalho em equipe é evidenciado no desenvolvimento de projetos coletivos e colaborativos entre grupos de aprendizes. Por se basear na proposta de resolução de problemas, o aprendiz utilizando um *software* com abordagem construcionista tem a sensação de *empowerment*, uma vez que é responsável pela apresenta-

---

4   O termo micromundo foi definido por Seymour Papert, criador da linguagem de programação Logo, como uma parte simplificada da realidade, um pequeno mundo, onde o computador é uma ferramenta que pode permitir a sua construção e exploração, oferecendo uma rica atividade intelectual (Papert, 1984).

ção de uma solução para o problema, assumindo a sua propriedade e a satisfação de poder compartilhar e se sentir útil para os demais trabalhadores e para a organização como um todo. Isso implica mostrar que as experiências e os conhecimentos dos trabalhadores são uma fonte de novos conhecimentos.

Por essas razões, a importância dessa abordagem pode favorecer o comportamento e a tomada de decisões que esse profissional terá no seu dia-a-dia. Dentro de um contexto de Produção Enxuta, o paradigma construcionista engaja o profissional em uma aprendizagem *Just-In-Time*, pois ele busca soluções para problemas do cotidiano, com necessidade de resolução imediata e com criatividade. Além disso, auxilia o indivíduo a responder mais efetivamente às mudanças que ocorrem em seu ambiente.

A AVALIAÇÃO DA APRENDIZAGEM ORGANIZACIONAL

A avaliação da aprendizagem tem surgido como um dos temas mais debatidos entre os educadores (Cappelletti, 1999; Hoffmann, 1993; Perrenoud, 1999) que encontram enormes dificuldades em definir métodos eficazes que possam substituir os tradicionais, uma vez que estes têm se caracterizado como disciplinadores, punitivos e discriminatórios. É uma crítica severa à utilização de notas, conceitos e outras menções para avaliar os alunos. Assim, o sentido discriminatório da avaliação começa nesse momento, com a comparação das tarefas, dos conceitos, das notas, originando uma classificação quantitativa.

Hoffmann (1993) define esse tipo de avaliação como classificatória, que se baseia na verificação das respostas "certas" ou "erradas" dos alunos, com esta verificação periódica, para a tomada de decisão quanto ao aproveitamento escolar. No entanto, a avaliação não pode ser entendida como um momento de aplicação de testes e de julgamento de trabalhos e atividades. Ela deve ter outros subsídios que vão além do "rendimento" escolar. Nessa mesma linha, Perrenoud (1999) salienta a necessidade de uma avaliação formativa, que utiliza seus próprios instrumentos que vão de testes e provas à observação dos métodos de trabalho, dos procedimentos e dos processos intelectuais.

Da mesma forma, os sistemas de avaliação nas empresas, orientam-se quase que exclusivamente por aspectos quantitativos, principalmente com base em parâmetros financeiros (Peixoto, 1997), caracterizados como uma medida de rendimento, de reflexo nos lucros e na produção de bens, numa dimensão relacionada a eventos acabados como índices de qualidade, aumento da produção, velocidade na execução de tarefas, custos, aumento de vendas, entre outros. A situação se agrava, considerando que em uma pesquisa promovida pela American Society for Training & Development (Bassi, Cheney & Buren, 1997), 93% dos profissionais de treinamento em empresas afirmaram sofrer pressões para avaliar os efeitos do treinamento na organização, não apenas em termos financeiros. Entretanto, existe uma enorme dificuldade de se encontrar propostas de avaliação da aprendizagem para esses ambientes. Na sua maioria, a eficácia dos treinamentos é medida por meio de questionários ou por entrevistas com os trabalhadores envolvidos. A própria American Society for Quality Control (ASQC), que estabelece os requisitos dos sistemas de qualidade e de sua avaliação, não possui uma proposta bem definida sobre esse assunto, o que pode ser observado nos fóruns de debates que promove em sua página na internet.[5]

Entretanto, para avaliar a aprendizagem é necessário adotar uma variedade de métodos e parâmetros de avaliação para se construir uma imagem representativa da realidade. Nesse sentido, Hoffmann (1993) define e sugere uma nova postura de avaliação, denominada avaliação mediadora, que se opõem à avaliação tradicional, meramente classificatória. Para tanto, uma nova abordagem de avaliação deve analisar teoricamente as várias manifestações (verbais, escritas, comportamentais, outras produções) dos aprendizes em situações de aprendizagem.

Nessa abordagem, os aspectos como a valorização da subjetividade, o comportamento, os ideais, os valores, as emoções e a

---
5 www.asq.org/standcert/qs-9000/sancl.html

postura profissional podem ser considerados no desenvolvimento de novas estratégias que colaboram na compreensão do processo de aprendizagem organizacional. A valorização desses aspectos e as novas exigências de perfil e postura profissional têm levado à revisão de critérios de avaliação, considerando as dimensões citadas acima, antes deixadas à parte (Peixoto, 1997).

Nessa direção, Garvin (1993) definiu o processo de avaliação da aprendizagem em uma organização por meio de três estágios: o cognitivo, o procedimental e o de desempenho.

O estágio cognitivo pode ser medido com questionários, em que são avaliadas as respostas dos trabalhadores, e testes práticos, com situações de fábrica, que visam verificar os processos de tomada de decisão. Esse tipo de avaliação poderia se enquadrar no que Hoffmann (1993) define como classificatória e que é atualmente a mais utilizada. No entanto, esse tipo de avaliação determina o comportamento do aprendiz, privilegiando a memória e a capacidade de expressão do que foi acumulado.

Considerando o uso de um *software* com abordagem construcionista, a avaliação cognitiva pode também ser realizada com a análise da descrição que o usuário dá para a resolução do problema, o que reforça a importância e a contribuição dessa abordagem.

O estágio procedimental toma como base a observação direta do trabalhador e as suas atitudes. Essa observação começa já no processo de capacitação com o acompanhamento das sessões de formação e posterior análise dos registros que o *software* permite fazer. Novamente, a abordagem construcionista possibilita, além de verificar a solução do problema, identificar os procedimentos tomados pelo usuário, uma vez que na fase de descrição-reflexão-depuração-descrição há uma reavaliação dos modelos mentais e das soluções que se refletem no comportamento do aprendiz.

Por conseguinte, é de suma importância observar e acompanhar os trabalhadores nos seus respectivos postos de trabalho no sentido de identificar mudanças de atitudes e de tomada de decisões. Aqui a avaliação está na observação do trabalhador na ação, a "prova" está no fazer, na forma de se produzir, na integração do conhecimento científico ao comportamental.

Além disso, o envolvimento de cada um pode ser também avaliado nas reuniões de avaliação, freqüentemente realizadas em uma fábrica de Produção Enxuta e na sua participação em sugestões feitas, e implementadas.

O último estágio de Garvin (1993) contempla uma avaliação dos efeitos do processo de formação e seus reflexos nos parâmetros de desempenho da fábrica, por exemplo, indicadores de qualidade, de satisfação do cliente, desenvolvimento de novos produtos, número de sugestões, entre outros ganhos tangíveis. Na realidade, esse último estágio é ainda o mais utilizado pela grande maioria das empresas, porém o mais difícil de ser associado como conseqüência do processo de capacitação.

Kirkpatrick (1994) propõe outro método de avaliação muito similar ao de Garvin. De acordo com essa proposta, a avaliação é feita em quatro níveis:

Nível 1 – Reações: como o nome mesmo diz, esse nível procura medir como os aprendizes avaliam e reagem ao programa de capacitação. Nesse nível, eles respondem questões como: Você gostou do programa? O material foi relevante para o seu trabalho? Embora uma resposta positiva não garanta a aprendizagem, uma reação negativa certamente reduziria as chances de sucesso.

Nível 2 – Aprendizagem: apesar do nível ser definido como aprendizagem, ele nada mais é que o estágio cognitivo definido por Garvin (1993), ou seja, a avaliação é baseada na aplicação de testes no início e no final do programa de capacitação.

Nível 3 – Transferência: nesse nível, que corresponde ao estágio procedimental de Garvin, verifica-se se o aprendiz consegue aplicar o que aprendeu ao voltar ao trabalho.

Nível 4 – Resultados: aqui é necessário verificar se a nova qualificação do trabalhador está economizando ou gerando dinheiro para a organização, ou seja, se há retorno sobre o investimento feito. Esse nível corresponde claramente ao terceiro e último estágio de Garvin que se refere ao desempenho operacional medido por meio de resultados operacionais e financeiros.

Entretanto, avaliar a aprendizagem e seus efeitos apenas pelos três estágios de Garvin ou pelos quatro níveis de Kirkpatrick não contempla um fator muito importante que é o aspecto emocional e afetivo. As pesquisas sobre o assunto (Cooper, 1997) mostram que esse aspecto, devidamente gerenciado, pode proporcionar um ambiente de confiança, lealdade e de realização dos trabalhadores, de equipes e por fim da organização.

Isso porque aferir o aprendizado apenas pelo desempenho é um erro. Goleman (1995) fala que as emoções são contagiosas e portanto levam o ser humano a grandes mudanças, um bem que transforma o local de trabalho nos anos futuros.

Como o aprendizado organizacional não significa somente melhoria de desempenho, é preciso verificar o sentimento de ânimo e energia em toda a organização, a qualidade dos diálogos, a capacidade de acreditar e ser acreditado, o sentimento de integridade e autenticidade, o sentimento de ser capaz de achar soluções para situações difíceis e tomar decisões (*empowerment*), pois o conhecimento abrange também ideais, valores e emoções (Nonaka & Takeuchi, 1997).

Finalmente, a avaliação deve ser idealizada e melhorada dentro do contexto do qual faz parte, em um processo também de construção, participação, reflexão e de significado.

UMA PROPOSTA PARA A CRIAÇÃO DE UM AMBIENTE DE APRENDIZAGEM ORGANIZACIONAL

Apesar de os sistemas computacionais usados para treinamento profissional terem, quase que na totalidade, como base a transferência de informação para o trabalhador, ou seja, uma abordagem Instrucionista, essas características não interessam às empresas pois submetem o trabalhador a um papel passivo no processo de aprendizagem e não desenvolvem a sua capacidade criativa, de raciocínio e participativa na resolução de problemas. Além disso, o conteúdo abordado e a forma com que é tratado muitas vezes não estão associados às experiências vivenciadas pelo trabalhador.

Dessa forma, procuraremos propor uma solução para os aspectos levantados até o momento como: a importância da aprendizagem organizacional e da formação de uma cultura de aprendizagem nas empresas de Produção Enxuta; a falta de alternativas para a empresa resolver os problemas advindos da formação do profissional; o uso das novas tecnologias para essa formação com base em uma abordagem construcionista; e em um processo de avaliação integrador de diferentes estágios (cognitivo, procedimental, de desempenho, afetivo/emocional).

3 AMBIENTES CONSTRUCIONISTAS PARA APRENDIZAGEM ORGANIZACIONAL

Os ambientes computacionais com base no paradigma construcionista e projetados com características centradas no aprendiz são importantes na formação de trabalhadores em empresas dirigidas para o novo mercado global, onde as organizações estão encontrando novas formas de pensar, se organizar, se comunicar e trabalhar.

No contexto dessas empresas, o uso das tecnologias e do computador poderia contribuir na formação e capacitação do operário. Neste capítulo serão descritos os aspectos de construção de ambientes construcionistas, as características quanto ao *design* desses ambientes para adequar o seu uso à mudança de paradigma de aprendizagem, e serão apresentados alguns exemplos de *softwares* construcionistas para a aprendizagem organizacional e, dentre eles, o utilizado na obtenção dos resultados.

A CONSTRUÇÃO DE AMBIENTES CONSTRUCIONISTAS PARA APRENDIZAGEM ORGANIZACIONAL

O modelo de construção de um ambiente construcionista para a formação de trabalhadores deve consistir em um conjunto de práticas para organizar os trabalhadores em equipes que colaborarem na definição do sistema computacional, motivando-os uns aos outros e acompanhando o desenvolvimento da ferramenta e o seu relacionamento com os aspectos da fábrica. A formação dessas equipes ainda promove facilidades de desenvolvimento através do exemplo, em que o aprendizado ocorre com cada um ensinando ao outro novas situações. Além disso, promove a formação de grupos para resolução de problemas e de estratégias, semelhantes aos círculos de qualidade, discutindo problemas com a implementação do sistema computacional e com o ambiente de trabalho.

Pode-se destacar também que a participação do trabalhador nessa etapa permite o *empowerment*, uma vez que dá poderes ao trabalhador de ser co-responsável pela construção do *software*, pelo controle de sua qualidade e por outras funções que seriam tradicionalmente executadas por analistas de sistemas ou outros profissionais. Algumas pesquisas mostram que os trabalhadores, quando têm mais participação e controle e são capazes de colaborar no desenvolvimento dos sistemas, têm contribuído para a melhoria do processo e se empenham nisso, desejando que as mudanças provenientes do seu empenho ocorram (Jenkins & Florida, 1995).

Essa participação, em parceria com os projetistas do sistema, permite desenvolver uma ferramenta construcionista cujo conjunto de atividades de aprendizagem esteja estruturado em um ambiente de trabalho contextualizado, desenvolvendo conhecimento específico de forma a compreender o que e como se produz.

Nessa investigação, o uso de metáforas também foi explorado para a definição da interface computacional, uma vez que elas são usadas com freqüência nos diálogos entre os trabalhadores. Elas servem como um poderoso meio de expressão. Uma metáfora é um método de percepção, uma forma de fazer que as pessoas com diferentes experiências compreendam algo intuitivamente por meio da imaginação e dos símbolos (Nonaka & Takeuchi, 1997). Para Erikson (1990), ela é um conjunto interligado e invisível de termos e associações que permitem usar o conhecimento de objetos concretos, familiares e experiências anteriores para dar estrutura a conceitos abstratos. Na verdade, as metáforas fazem parte de nossas formas de comunicação e de pensamento, uma vez que o uso de metáforas na definição das interfaces computacionais tem a mesma característica das metáforas usadas cotidianamente.

Entretanto, dentro da abordagem construcionista, algumas características quanto ao *design* dos ambientes computacionais também são necessárias para adequar o seu uso a essa mudança de paradigma de aprendizagem.

DESIGN DE INTERFACES

Por alguns anos os usuários de computadores ficaram presos ao desenvolvimento de dispositivos de comunicação que limitavam a interação com a máquina e, na verdade, ditavam a forma de sua utilização. Esse período ficou caracterizado por interfaces centradas na tecnologia.

A partir da década de 1980, com o desenvolvimento cada vez mais acelerado da tecnologia e o surgimento de dispositivos cada vez mais modernos, viveu-se um momento em que o *design* centrado na tecnologia passou a ser centrado no usuário.

Tendo como foco principal o usuário, o *design* leva em consideração as suas necessidades, identificando como faz normalmente uma atividade que será realizada no computador (Borges, M. A. F., 1997). Algumas características do *design* centrado no usuário usam as propriedades naturais das pessoas e do ambiente físico, de forma a tornar mais humana e mais prazerosa a interação homem-máquina, reduzindo a carga cognitiva do usuário, proporcionando facilidade de aprendizagem e diminuindo o tempo para realizar uma tarefa.

Entretanto, para a área educacional, o usuário é um aprendiz que possui necessidades diferentes de um usuário comum. É a partir desse ponto que um novo conceito de *design* é proposto, centrado na figura do aprendiz (Norman & Spohrer, 1996; Soloway et al., 1995; Soloway & Prior, 1996). Na verdade, o *design* centrado no aprendiz é uma extensão do *design* centrado no usuário, levando em consideração que ele busca auxiliar o usuário não apenas a efetuar uma tarefa, mas também a aprender enquanto a executa. Assim, certas características são importantes e devem ser contempladas nesse tipo de *design*:

- adaptar-se ao conhecimento;
- adaptar-se à heterogeneidade dos usuários, levando em consideração os diversos estilos de aprendizagem;
- tornar a interface atrativa de modo que os usuários dediquem atenção à tarefa;

- focar as necessidades, habilidades e interesses dos usuários, acompanhando com freqüência a abordagem com base em problemas;
- permitir o desenvolvimento de certas competências por meio da interação com o computador;
- utilizar a abordagem construcionista. (Solaway & Prior, 1996)

Na Figura 3.1 pode-se ver os três tipos de *design* cronologicamente, considerando o poder computacional disponível em cada época e os avanços nas questões de interface homem-máquina.

A extensão do *design* centrado no usuário para o centrado no aprendiz requer a atenção sobre as necessidades básicas de um aprendiz (Soloway et al., 1995), que vão ao encontro da abordagem construcionista e sociocultural que se utiliza nesta pesquisa:

- crescimento: uma das funções básicas da Educação é promover o desenvolvimento do aprendiz com relação a sua inteligência, capacidade criativa, responsabilidade. Esses aspectos são importantes para o perfil de profissional de que o mercado necessita;

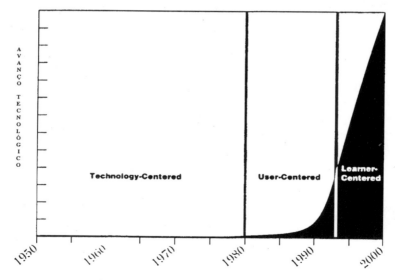

FIGURA 3.1 – História do *Design* de Interfaces. Adaptado de Soloway & Prior (1996).

- diversidade: há uma enorme diferença no desenvolvimento cognitivo e social, no "Background" cultural e nos estilos de aprendizagem dos alunos;
- motivação: o interesse e o contínuo compromisso do estudante não podem ser garantidos plenamente. Estudantes aprendem melhor quando engajados em tarefas motivadoras e contextualizadas, que possuam algum significado para eles.

Além disso, há quatro elementos que devem ser considerados durante a construção dos ambientes de aprendizagem:

- contexto: qual o ambiente em que o *software* será utilizado? Como será utilizado e por quem?;
- tarefas: quais são as tarefas que o *software* realizará?;
- ferramentas: quais ferramentas executaram essas tarefas?;
- interface: qual é a interface para essas tarefas? (Soloway et al., 1995).

A Tabela 1 ilustra algumas diferenças e relações entre os *designs* centrados no usuário e no aprendiz com relação aos elementos aqui considerados.

Sob o aspecto do *design* centrado no aprendiz, podem-se construir ambientes computacionais com algumas características espe-

Tabela 1 – Metas do *Design* Centrado no Usuário x Metas do *Design* Centrado no Aprendiz

	Design centrado no usuário	*Design* centrado no aprendiz
Tarefa	Fazendo	Aprendizagem sobre a tarefa durante a execução
Ferramenta	Útil, produtiva e de fácil uso	Suporte a diversos estilos de aprendizagem e níveis de espearteza
Interface	Usável e não-obstrutiva	Atrativa

Fonte: http://krusty.eecs.umich.edu/highc/projects/lcd.html

ciais para os aprendizes. Eles não sabem necessariamente como realizar uma tarefa, então precisam de ferramentas adaptáveis para os diferentes estilos de aprendizagem, e necessitam de uma interface que não é apenas usável, como também atraente.

Assim, o *design* centrado no aprendiz poderá prover algumas características interessantes e que complementam a abordagem construcionista, como:

- contexto autêntico;
- *feedback* imediato;
- controle da tarefa pelo aprendiz;
- facilidade para correção de erros;
- ambientes realísticos e personalizados;
- uso de várias mídias (gráfica, animação, vídeo, som).

Por fim, a construção de ambientes com essas características deve ser realizada de acordo com as necessidades das empresas e projetada com a participação total do usuário (funcionário), firmemente norteado por suas experiências.

EXEMPLOS DE AMBIENTES CONSTRUCIONISTAS DE APRENDIZAGEM ORGANIZACIONAL

O pioneiro trabalho de Hoyles & Noss (1996) apresenta uma importante contribuição do uso da abordagem construcionista em um ambiente diferente de uma escola. Nesse caso, eles criaram um ambiente de aprendizagem de matemática financeira com Logo e usaram esse ambiente com profissionais de uma instituição financeira. A idéia era oferecer aos profissionais uma ferramenta com a qual pudessem testar concretamente os conceitos matemáticos que usam no seu cotidiano e verificar os modelos mentais que possuem sobre eles. Contudo, nenhum trabalho de implantação de uma metodologia de formação e de avaliação da aprendizagem, usando um *software* construcionista e envolvendo estes profissionais, foi desenvolvido até o momento, o que pode ser estendido também para os trabalhadores de empresas de Produção Enxuta.

Os trabalhos desenvolvidos por pesquisadores do Núcleo de Informática Aplicada à Educação da Unicamp (Nied) e da Universidade Estadual Paulista (UNESP) estão pautados no desenvolvimento de *softwares* com estética construcionista para capacitação de trabalhadores de empresas de Produção Enxuta (Borges, E. L., 1997; Borges, M. A. F., 1997; Fernandes, Furquim & Baranauskas, 1996; Valente, 1997a; Valente, Mazzone & Baranauskas, 1997a; Valente, Mazzone & Baranauskas, 1997b; Valente & Schlünzen, 1999). Nessa abordagem, LEGO-Logo,[1] jogos computacionais, simuladores e sistemas especialistas foram desenvolvidos como ferramentas importantes para a descrição de problemas, a aquisição de conceitos e a exploração de outros, visando preparar o profissional para enfrentar situações de fábrica, entender e participar desse novo paradigma de produção.

Como exemplos de ambientes construcionistas de aprendizagem organizacional que foram construídos com a participação permanente dos funcionários da empresa, serão apresentados a seguir três que estão relacionados com a aprendizagem organizacional e que foram concebidos com essa abordagem.

O Ambiente Enxuto e o Sistema Jonas

O Enxuto (Borges, E. L., 1997) é um ambiente de modelagem e simulação que tem como objetivo construir o modelo de fábrica utilizando objetos previamente definidos e disponíveis na interface como estações de trabalho, transportes, funcionários, técnicos de manutenção, entre outros. Definidos os objetos, o usuário interliga-os compondo uma linha de produção, como mostrado na Figura 3.2.

Definidos os atributos da modelagem, como velocidade de produção, índice de defeitos médios, quantidade de matéria-pri-

---

[1] Utilização de dispositivos como tijolinhos, motores, engrenagens, polias e sensores, para construção de máquinas que, conectadas ao computador, são comandadas por programas escritos na linguagem Logo.

ma, entre outros, o modelo é simulado por um determinado período de tempo. Ao final, o usuário pode analisar a configuração da linha de produção e avaliar os resultados, podendo alterar o modelo no intuito de melhorá-lo.

O aprendiz está livre para explorar um ambiente contextualizado, em que é estimulado a testar idéias, aprender novos conhecimentos, sempre com o objetivo de obter melhorias, e aprender estratégias de melhoria dos processos produtivos. Além disso, os usuários podem se sentir incentivados a tomar a iniciativa de efetuar melhorias na própria linha de produção onde trabalham tendo por base os resultados que obtêm nas simulações.

O sistema Jonas[2] (Borges, M. A. F., 1997) é um sistema especialista integrado ao ambiente Enxuto que tem como objetivo au-

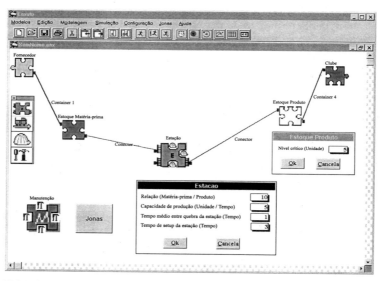

FIGURA 3.2 – A Interface do Enxuto. Fonte: Borges, E. L. (1997).

---

2 O sistema Jonas tem como base a personagem Jonah do livro *A meta* (Goldratt & Cox, 1990), que é uma espécie de consultor de empresas que nunca indica as soluções para os problemas, mas conduz os funcionários da empresa a encontrá-las.

xiliar o usuário, aumentando o seu poder de decisão. Assim, o usuário pode pedir ajuda ao Jonas quando não entender ou não conseguir identificar como melhorar os resultados da simulação. Basicamente, o sistema Jonas aconselha o usuário quando este utiliza o Enxuto, procurando apresentar informações que ajudem a identificar problemas e melhorar os resultados, conforme pode ser observado pela Figura 3.3.

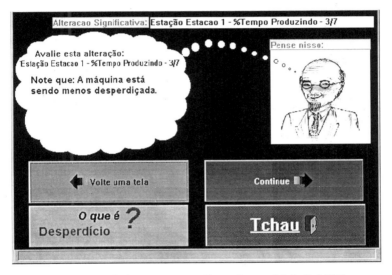

FIGURA 3.3 – Uma tela do sistema Jonas. Fonte: Borges, M. A. F. (1997).

LEGO-Logo

O LEGO-Logo é a combinação dos tradicionais blocos do jogo LEGO e de seus dispositivos eletromecânicos como motores, sensores, engrenagens e polias com o ambiente da linguagem Logo, conectados por meio de uma interface computacional (Valente, 1997a; Valente & Canhete, 1993).

Assim, é possível construir conjuntos eletromecânicos e testá-los escrevendo procedimentos em Logo, que irão controlá-los, como, por exemplo, a esteira rolante e o carrinho caçamba da Figura 3.4, cuja aplicação pode ser muito bem utilizada para um ambiente de fábrica.

Para construir esses conjuntos, o usuário usa vários conceitos de física, engenharia, matemática e automação, isso é muito interessante para os trabalhadores que operam em linhas de produção, porque eles podem conhecer os princípios de funcionamento das máquinas.

Além disso, todos os procedimentos podem ser observados e os erros podem ser eliminados, melhorando com isso o ambiente de trabalho e implementando um sistema de sugestões que pode contribuir muito para o melhoramento contínuo das linhas de produção.

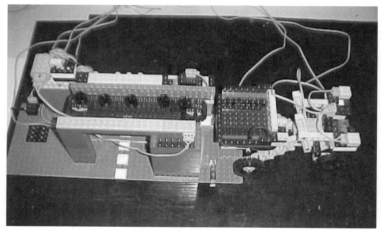

FIGURA 3.4 – Um dispositivo eletromecânico em LEGO-Logo desenvolvido por pesquisadores do Nied/Unicamp.

O Jogo do Alvo

Para desenvolver a metodologia de capacitação de trabalhadores, era necessário implementar um ambiente computacional construcionista contextualizado e significativo que abordasse um tema que fosse identificado como um problema gerencial crítico.

As necessidades que se apresentavam levaram a elaboração do Jogo do Alvo (Schlünzen, 1999; Baranauskas, 1998; Fernandes, Furquim & Baranauskas, 1996), um *software* desenvolvido com o objetivo de abordar conceitos de CEP, que é um método estatístico para controlar ou eliminar as variações no processo produtivo. Para tanto, são utilizados gráficos – Cartas de Controle – que permitem acompanhar o comportamento de uma dada característica de qualidade e portanto de suma importância para a empresa.

Essa ferramenta utiliza a metáfora de um alvo e sua meta é conseguir a uniformidade dos tiros em torno do alvo. Essa uniformidade gerará um gráfico que representa analogamente uma carta de controle da fábrica e os fatores ideais para um processo, ou seja, a estabilidade e a capacidade.

Tomando por base as características do *design* centrado no aprendiz, o *software* Jogo do Alvo foi implementado. Ele possui quatro módulos: Funcional, Fábrica, Farol e Análise de Tendências, cada um deles abordando aspectos diferentes de CEP como variações causais, variações aleatórias, processos em autocontrole, entre outros.

No módulo funcional o usuário define com o *mouse* o local onde ele quer que o tiro atinja o alvo, conforme ilustra a Figura 3.5. Nesse módulo, como o usuário não tem dificuldade em posicionar cada tiro, é possível provocar várias situações e, em seguida, observar os resultados. Esses resultados são expressos por meio de gráficos da média, amplitude e histograma referentes a um conjunto de 24 tiros. O usuário, com essas informações, é convidado a classificar o processo quanto a sua estabilidade e capacidade, conforme mostra o exemplo da Figura 3.6.

Após a classificação do usuário, o sistema emite a resposta correta que pode ser trabalhada caso o usuário tenha respondido incorretamente.

Com a conclusão dos 24 tiros, é possível movimentar os pontos no alvo, arrastando-os com o *mouse*, de forma a colocá-los em uma nova posição. Além disso, no menu existe uma opção que mostra todos os tiros e seus respectivos valores de maneira a poder alterá-los também. Em todas operações são recalculados os índices e atualizados os gráficos, imediatamente.

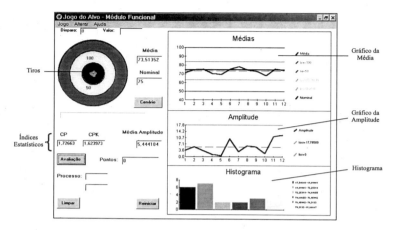

FIGURA 3.5 – O Jogo do Alvo e uma disposição de tiros.

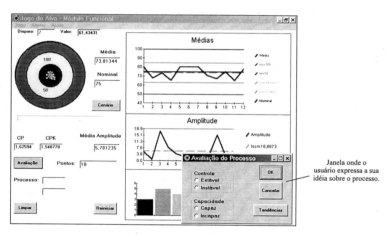

FIGURA 3.6 – Janela para avaliação do processo.

Ao final de cada exercício com o jogo, existe um registro de todo o seu desenvolvimento, com as respostas do usuário armazenadas em um arquivo, o que pode ser um importante meio de diagnóstico das ações que correspondem ao modelo mental sobre CEP, servindo para avaliações e observações futuras.

APRENDIZAGEM, CULTURA E TECNOLOGIA

O módulo Fábrica/Alvo é praticamente igual ao módulo Funcional, com a diferença básica que nele o usuário não usa o *mouse* para atirar, mas digita o valor para o tiro, com sua posterior representação no alvo. A idéia aqui é permitir uma situação muito similar a de fábrica e uma possível utilização do *software* nos postos de trabalho, onde o operador coleta dados e assinala-os nas cartas de CEP. Esse procedimento é simulado nesse módulo com a digitação do valor no campo "valor" da Figura 3.5.

O módulo Farol foi concebido com base no Gráfico do Farol que é um procedimento de controle da qualidade utilizado na fábrica quando um determinado processo já alcançou níveis de estabilidade e capacidade. Trata-se de uma ferramenta gráfica que permite ao próprio operador tomar decisões em função dos resultados de controle que vão sendo obtidos ao longo de um processo. O gráfico na fábrica, ilustrado na Figura 3.7, é dividido em três regiões básicas: vermelha, amarela e verde; em analogia às cores do farol de trânsito.

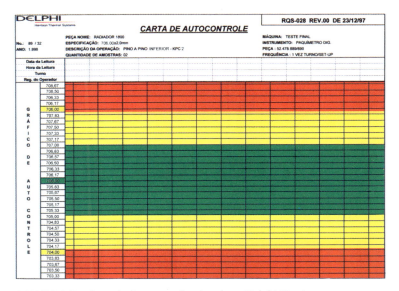

FIGURA 3.7 – Carta de Autocontrole adotada na Delphi-Harrison.

Para aplicação do gráfico do farol, o trabalhador deve proceder da seguinte maneira:

a) ajuste da máquina (*set-up*)
Verifique todas as peças. A ajustagem estará correta quando cinco peças consecutivas estiverem na região verde (vide gráfico a seguir);

b) produção
Medir duas peças consecutivas e seguir as instruções do gráfico do farol.

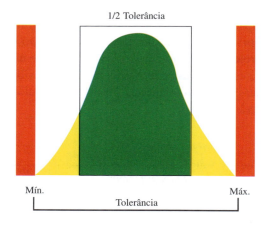

Passos a serem seguidos:
1. Verifique dois produtos. Se ambos estiverem na região verde, continue normalmente a produção.

2. Se um ou os dois produtos estiver na região vermelha, avise o responsável para as providências corretivas e selecione o material existente. Quando os reajustes forem feitos, volte ao passo 1.

3. Se um ou dois produtos estiver na região amarela, verifique mais três produtos.

A) Se três ou mais produtos estiverem na região verde, continue normalmente a produção.

B) Se três ou mais produtos estiverem na região amarela, avise o responsável para as providências corretivas. Quando os ajustes forem feitos, volte ao passo 1.

C) Se qualquer produto estiver na região vermelha, avise o responsável para as providências corretivas e selecione o material. Após os necessários ajustes, volte ao passo 1.

O usuário pode optar por gerar as amostras por meio de tiros cuja posição no alvo ele mesmo determina com o *mouse* – modo induzido – ou por meio da aleatoriedade – modo aleatório.

No modo induzido, o usuário, com o *mouse*, escolhe a posição do tiro no alvo e seu valor é marcado na carta mais acima, conforme ilustra a Figura 3.8. Dependendo da cor do local onde o tiro atinge o alvo, o usuário deve tomar a decisão de continuar o processo com novas medições ou de tomar alguma atitude.

No modo aleatório, a diferença em relação ao outro módulo é que a localização dos tiros no alvo não depende do usuário mas sim do próprio *software* que a escolhe quando é pressionado o botão "Atirar", conforme pode ser observado na Figura 3.9.

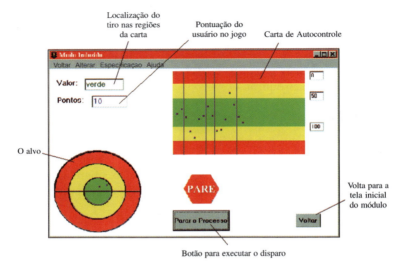

FIGURA 3.8 – Módulo Farol – Modo Induzido.

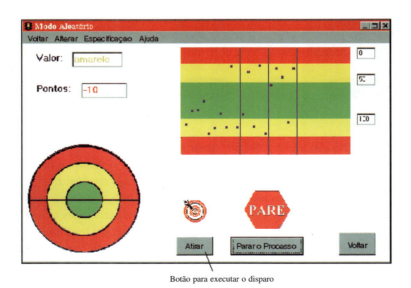

FIGURA 3.9 – Módulo Farol – Modo Aleatório.

Finalmente, o módulo Análise de Tendências foi o último módulo implementado e sua concepção foi pautada na própria interface do módulo Farol. A idéia desse módulo é capacitar o trabalhador a identificar e tomar decisões diante de possíveis tendências nos processos. Isso significa detectar mudanças nos processos de maneira que, rapidamente, ações preventivas possam ser tomadas, ou seja, o trabalhador estará se antecedendo ao problema. Assim, suas ações serão mais preventivas do que corretivas. Vale lembrar que uma ação preventiva evita grandes desperdícios e, conseqüentemente, um bom resultado operacional no processo produtivo.

O exemplo clássico que mostra uma tendência pode ser observado na Figura 3.10. No princípio, os valores estão abaixo da nominal e, aos poucos, mudam de comportamento em uma curva ascendente, o que permite concluir que existe a possibilidade de o processo ficar brevemente fora de controle, ou seja, com pontos fora dos limites de controle. Sendo capaz de identificar esse problema, o trabalhador poderá tomar uma ação preventiva.

O módulo de Análise de Tendências foi implementado com duas opções iniciais de escolha, ou seja, o trabalhador poderia analisar tendências em cartas do tipo X-R e de autocontrole, como ilustram as Figuras 3.11 e 3.12, respectivamente.

Ao final de cada sessão com o Jogo do Alvo, as respostas de cada usuário são armazenadas em disco para futuras observações.

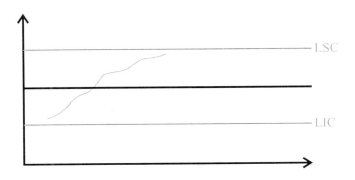

FIGURA 3.10 – Exemplo de uma Carta de Controle com uma tendência no Processo – Curva ascendente.

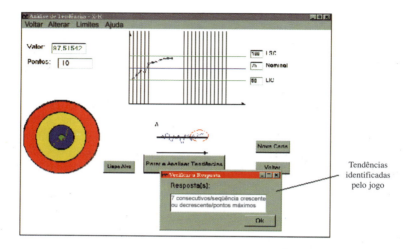

FIGURA 3.11 – Módulo de Análise de Tendências com uma Carta do tipo X-R.

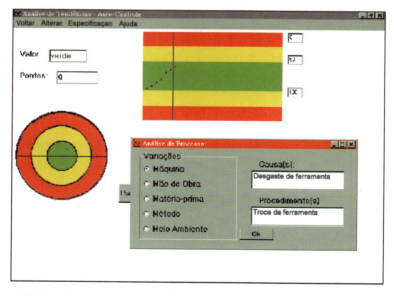

FIGURA 3.12 – Janela para a Análise das Causas e Procedimentos para Carta de Autocontrole.

O CICLO DESCRIÇÃO–EXECUÇÃO–REFLEXÃO–DEPURAÇÃO: UM EXEMPLO COM O JOGO DO ALVO

O computador com o jogo não é um meio de transferir informação mas um instrumento pelo qual o aprendiz pode construir hipóteses, testá-las e depurá-las. O Jogo do Alvo é um programa que instrui, metaforicamente, o aluno a expressar e discutir hipóteses com o computador sobre o que ele entende de controle estatístico de processos por meio de um conjunto de tiros que são dados em um alvo. Para isso o aprendiz, inicialmente, *descreve* seu entendimento sobre uma determinada situação com os tiros, identificando e analisando situações de fábrica e apresentando soluções para os problemas descritos, conforme ilustra a Figura 3.13.

Após o trabalhador ter explicitado e representado a sua idéia na forma de um disposição de tiros no alvo, o computador *executa* o que foi implementado, fornecendo-lhe os gráficos, os valores estatísticos importantes como CP e CPK e outras informações relacionadas com o processo. Isto pode ser observado pela Figura 3.14.

A partir disso, o aprendiz pode *refletir* se o produto do resultado obtido confere com o desejado e avaliar o processo, como ilustra a Figura 3.15

No caso do resultado da avaliação não estar correto, ele pode *depurar* e identificar o erro, corrigindo a sua hipótese e fazendo

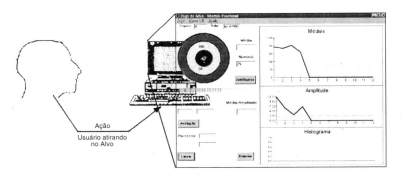

FIGURA 3.13 – Fase de descrição no Jogo do Alvo.

uma nova *descrição*. Isso é plenamente possível pois o jogo permite ao usuário mexer nos tiros com uma operação de arraste, ou seja, com o *mouse* clicado o aprendiz arrasta um tiro para uma nova posição, com todos os índices estatísticos sendo recalculados imediatamente, no caso dos módulos Funcional e Fábrica/Alvo. A partir daí, ele pode reavaliar o processo novamente e repetir o ciclo quantas vezes desejar. Essa fase pode ser observada e ilustrada pela Figura 3.16.

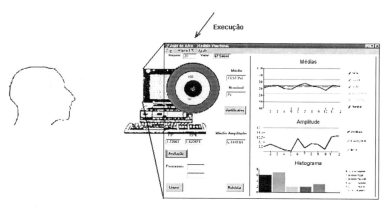

FIGURA 3.14 – Fase de execução no Jogo do Alvo.

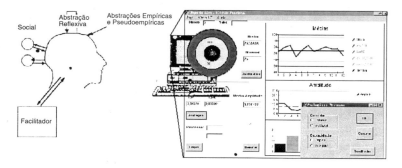

FIGURA 3.15 – Fase de reflexão no Jogo do Alvo.

Para os módulos Farol e Análise de Tendências que não possuem uma quantidade finita de tiros, o trabalhador pode descrever situações de fábrica e avaliá-las. O computador executa a descrição e o usuário pode refletir sobre a situação definida, refletindo e depurando suas idéias de acordo com os procedimentos de tomada de decisão. Como não existe um número predeterminado de tiros, ele pode continuar os disparos, descrevendo novas situações.

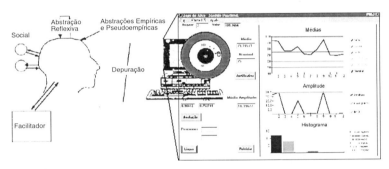

FIGURA 3.16 – Fase de Depuração no Jogo do Alvo.

OS CENÁRIOS: UMA CONTRIBUIÇÃO DO SOFTWARE CONSTRUCIONISTA PARA A MEMÓRIA ORGANIZACIONAL

Cenários são situações da fábrica que os trabalhadores relacionam a uma situação ou disposição no *software* construcionista. Eles são uma forma interessante de o trabalhador explicitar a relação que julga existir entre o *software*, seus recursos e situações criadas, e uma situação de fábrica, vivenciada no dia-a-dia.

Em nosso exemplo com o Jogo do Alvo, os cenários permitem que o trabalhador comece a pensar em dar significado ao jogo, aplicando diretamente a problemas reais da fábrica, gerando uma efetiva base de comunicação e de armazenamento de casos que são ferramentas de planejamento e de soluções para problemas futuros que são imprevisíveis. Essa coleção de casos pode permitir a formação de uma memória institucional de extrema importância para mapear modelos mentais que determinam não apenas a forma como entendemos, mas também como agimos e solucionamos os problemas. A Figura 3.17 registra um pequeno cenário para uma disposição de tiros no alvo.

Além dessa contribuição, os cenários podem servir como valioso instrumento de diagnóstico e avaliação de como os trabalhadores entendem as situações, como agem e também quais as soluções dadas aos problemas, o que permitirá ao facilitador da aprendizagem interferir de maneira a ajudá-los a refletir melhor caso um erro seja cometido.

Outro aspecto importante para o processo de aprendizagem é poder perceber no ambiente divergências de soluções. Com os cenários, é possível explorar a multiplicidade de perspectivas dos trabalhadores que trabalham com eles, o que permite implementação do ciclo de aprendizagem organizacional descrito no capítulo 2 e que colabora na criação de uma memória da organização.

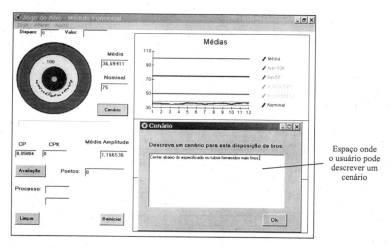

FIGURA 3.17 – Definição de um Cenário.

4 O TRABALHADOR MULTIPLICADOR DE CONHECIMENTO: UMA METODOLOGIA DE CAPACITAÇÃO

A metodologia de capacitação de trabalhadores começou a ser delineada com uma análise do processo de formação de recursos humanos na empresa Delphi Automotive Systems – Divisão Harrison Thermal Systems e a implementação do ambiente de aprendizagem construcionista para a capacitação de trabalhadores, além da avaliação do processo ensino-aprendizagem, considerando não apenas os aspectos cognitivos, como também os procedimentais, de desempenho, emocionais e afetivos, processos que permitiram desenvolver a aprendizagem na organização, que reflete nos resultados da empresa.

No entanto, para chegar a ela, uma série de atividades foi desenvolvida no período de dois anos e seis meses, com um constante trabalho de observação, diálogo e auto-aprendizado. Isso significou também o desenvolvimento de programas de capacitação de trabalhadores que, conseqüentemente, levaram a conclusões para a elaboração da metodologia.

Como ponto de partida, é importante salientar que todo o trabalho foi realizado com uma permanente presença na empresa, e a capacitação feita em serviço, o que está relacionado com as experiências de formação de professores que utilizaram essa metodologia (Almeida et al., 1998).

A construção da metodologia, tanto de capacitação, como de avaliação passou por várias transformações até a sua definição final. Além disso, foi possível identificar um problema gerencial crítico na fábrica, ou seja, o CEP, que é um dos critérios fundamentais nas auditorias de qualidade a que é submetida a empresa a cada seis meses.[1]

Assim, o desenvolvimento metodológico utilizado para chegar a uma metodologia definitiva e eficiente constou previamente de um amplo programa de capacitação de trabalhadores com basicamente duas etapas:

- Etapa 1: A formação com o facilitador[2]
- Etapa 2: A Formação com os Agentes Multiplicadores-Parceiros[3]

O FACILITADOR DA APRENDIZAGEM: UMA IDÉIA QUE NÃO DEU CERTO

No início, a etapa 1 era uma a proposta para o desenvolvimento de uma metodologia de formação de recursos humanos utilizando uma ferramenta computacional construcionista. Ela foi importante, pois permitiu identificar uma série de problemas que acabaram por inviabilizá-la, mas que criaram uma nova abordagem de formação, que foi a etapa 2, com a metodologia final desenvolvida.

Começamos por utilizar uma abordagem que visava inicialmente a formação de um facilitador da aprendizagem para a fábrica. Cabia a ele atuar como mediador, ou seja, como uma ponte

---

1 Para manter a certificação QS9000 a Delphi-Harrison é auditada semestralmente por uma empresa especializada. Uma não conformidade com algum item de qualidade pode implicar a perda do certificado, o que seria muito ruim para a empresa, uma vez que essa certificação é uma exigência para manter e conseguir novos clientes.
2 Como facilitador (Altoé, 1996) entende-se aquele que pode orientar os trabalhadores em uma atividade investigadora de conhecimentos e na exploração dos recursos oferecidos pelo ambiente computacional.
3 O agente multiplicador-parceiro é um facilitador da aprendizagem que pertence ao mesmo contexto de trabalho do aprendiz (Schlünzen, E. T. M., 1998), ou seja, faz parte do quadro de funcionários da empresa e exerce a mesma função do aprendiz, convivendo com os problemas reais do ambiente de trabalho.

entre o ambiente de aprendizagem oferecido pelo *software* e as correspondentes situações de fábrica, e ser responsável por todo o processo de formação dos trabalhadores.

Assim, nessa abordagem, a formação dos operários na fábrica estava diretamente relacionada a um facilitador que seria um funcionário da empresa responsável por essa formação, mas que não trabalhava na linha de produção, ou seja, não vivenciava os problemas da fábrica.

Este trabalho foi realizado em diversas etapas: capacitação do facilitador, validação do Jogo do Alvo e formação dos trabalhadores usando o Jogo do Alvo, como ilustrado no fluxograma da Figura 4.1.

O trabalho de formação na empresa começou após a contratação do facilitador. Esse funcionário tinha como função vivenciar

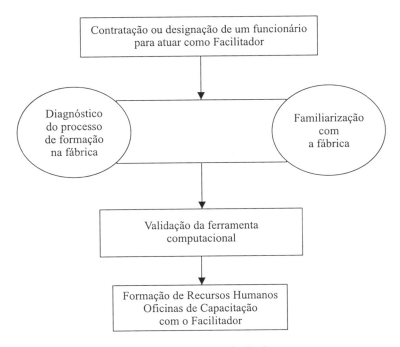

FIGURA 4.1– Abordagem da formação com o facilitador.

o dia-a-dia e o funcionamento da fábrica e dedicar parte do seu tempo à formação de trabalhadores pretendida na empresa. Essa contratação foi importante pois toda a metodologia de formação e a experiência de aprendizagem adquirida deveriam ser obtidas em serviço e ficar na empresa, garantindo a contextualização e a continuidade do trabalho.

O segundo passo teve como base um conjunto de atividades que visaram entender o funcionamento da fábrica e o programa de formação vigente na empresa. Essas atividades foram realizadas pelo facilitador, devidamente acompanhadas pelo autor e constituíram-se de:

a) *Familiarização com a fábrica*. Inicialmente o facilitador realizou diversas ações[4] para conhecer e entender o funcionamento da fábrica, incluindo os processos industriais envolvidos, aspectos organizacionais, comportamentais e de segurança. Esse conhecimento é importante uma vez que o facilitador precisa entender como a fábrica funciona, para depois conseguir fazer a ligação entre os ambientes de aprendizagem computacionais e as situações que acontecem na fábrica.

b) *Reuniões com os funcionários do Departamento de Recursos Humanos*. Teoricamente esse departamento é responsável pelo trabalho de formação, pois define os critérios e as técnicas de avaliação, os planos e as respectivas políticas de formação. No entanto, a grande maioria dos treinamentos é realizada sob a responsabilidade de algum departamento da empresa ou por um prestador de serviço externo, algumas vezes, sem a participação dos funcionários do Recursos Humanos. As avaliações são realizadas com base na utilização de questionários, sem a intervenção direta do departamento de Recursos Humanos.

c) *Participação em alguns cursos de treinamento oferecidos pela empresa*. O objetivo principal desta atividade foi fazer uma radio-

---

4 Visitas à fábrica, entrevistas com os engenheiros, coordenadores e demais trabalhadores, acompanhamento do processo nas linhas de produção, procurando entender o funcionamento das partes e do todo na prática do pensamento sistêmico, descrito no capítulo 3.

grafia do programa de treinamento da empresa, onde o facilitador pôde identificar como são os cursos de treinamento, como é feita a avaliação, quem são os responsáveis, entre outras questões.

O trabalho seguinte foi capacitar o facilitador na utilização do Jogo do Alvo. Foram realizadas diversas sessões, nesse caso, com o Jogo do Alvo, em que foi apresentado o ambiente computacional e, em seguida, discutidas suas aplicações, procurando estabelecer relações entre o ambiente implementado no *software* e as situações encontradas na fábrica. O objetivo foi conscientizar o facilitador sobre a utilização de uma ferramenta com abordagem construcionista, procurando mostrar que esse *software* pode resolver uma série problemas de aprendizagem uma vez que o aprendiz pode definir muitas situações.

Logo em seguida, a aplicação prática do Jogo do Alvo na fábrica foi dividida em duas etapas: a validação do Jogo do Alvo e um programa inicial de capacitação.

Após a validação do *software*, estabeleceu-se um programa inicial de formação de trabalhadores da fábrica usando o Jogo do Alvo e o facilitador como formador dos trabalhadores. Um número pequeno de trabalhadores (dez) se reveza individualmente nas sessões, evitando, assim, retirar um grupo maior da linha de produção. Assim, pode-se flexibilizar horários em decorrência do número pequeno de trabalhadores, e o pesquisador pôde compor o registro automático das atividades do aprendiz para uma avaliação posterior utilizando o sistema computacional e observar os estilos de aprendizagem de cada um, bem como o conhecimento sobre CEP e a experiência com a aplicação desses conceitos nas situações da fábrica.

Várias oficinas com os módulos do Jogo do Alvo seguiram as etapas do fluxograma da Figura 4.2. As oficinas eram de responsabilidade do facilitador e o pesquisador atuava como auxiliar e observador das atividades desenvolvidas. No início de cada módulo do Jogo do Alvo, o facilitador aplicava um questionário inicial para verificar o nível de conhecimento de cada um sobre CEP. Em seguida, ele apresentava explicações sobre o Jogo do Alvo e sobre o desenvolvimento das atividades, além de entregar material de apoio.

A partir daí, os operários eram convidados a jogar, desenvolvendo exercícios com o tiro ao alvo. Cabia a cada trabalhador definir um conjunto de tiros e avaliar o processo ou tomar uma decisão. Cada sessão demorava em torno de noventa minutos de modo a permitir um grande número de exercícios. Eventualmente, tanto o facilitador como o pesquisador sugeriam aos trabalhadores que gerassem casos variados de processos, procurando criar diversas situações que foram ou podem ser encontradas nas linhas de produção.

Com isso, os trabalhadores tinham uma meta a atingir e eram motivados e desafiados a alcançá-la. Assim, eles precisavam construir uma disposição de tiros que expressasse o seu entendimento e o seu conhecimento sobre o controle de processos, o que permitiu testar hipóteses, compartilhar experiências e interesses dos trabalhadores.

Durante a capacitação, foram realizados alguns testes práticos com a simulação de situações de fábrica e com a resolução de testes predeterminados. Esses testes apresentam dados reais sobre situações já vividas na fábrica.

Ao final de cada capacitação, os trabalhadores responderam a um questionário final sobre o tema abordado, que tinha o objetivo de verificar o progresso cognitivo com relação ao estágio inicial.

Entretanto, logo após o início das primeiras atividades de formação, houve dificuldades para estabelecer horários em que os trabalhadores pudessem participar das sessões de capacitação com o facilitador. O facilitador não tinha autonomia para agendá-los e os coordenadores da fábrica[5] não participavam do processo de formação. Para agravar a situação, o facilitador deixou a empresa e fez cair por terra todo o trabalho desenvolvido e a continuidade do trabalho comprometida e vulnerável, o que mostrou que a metodologia não era adequada para uma formação em serviço.

Considerando que, no contexto de uma empresa de Produção Enxuta, o operário desenvolve atividades intelectuais que podem habilitá-lo a participar ativamente do processo de formação dos

---

5   Os coordenadores da fábrica são funcionários da empresa que organizam as atividades nas linhas de produção e são diretamente responsáveis por ela. Normalmente são engenheiros com larga experiência na fábrica.

colegas, a meta foi utilizá-lo como agente multiplicador-parceiro e disseminador de conhecimento na fábrica. Esse método já havia sido utilizado com sucesso em projetos de formação continuada de professores da rede pública de ensino (Almeida et al., 1998; Pellegrino et al., 1998). Além disso, também havia a intenção de solucionar o problema da perda repentina do facilitador, dividindo essa função entre mais pessoas.

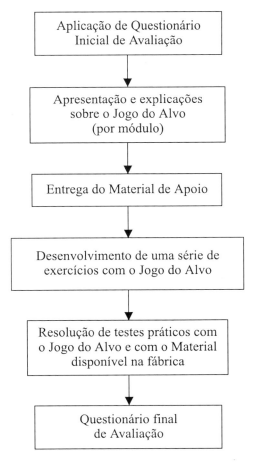

FIGURA 4.2 – Etapas da aplicação do Jogo do Alvo.

O TRABALHADOR MULTIPLICADOR–PARCEIRO: UM TRABALHADOR DE CONHECIMENTO QUE DEU CERTO

A solução proposta com o multiplicador-parceiro permitiu que a capacitação não se concentrasse mais em uma determinada pessoa (facilitador da abordagem anterior), sendo que todos estariam envolvidos. Essa solução poderia permitir a difusão de uma cultura de formação na fábrica, uma vez que existiria um envolvimento grande de operários e coordenadores nesse processo de formação.

Além disso, diferente da abordagem anterior, a etapa de familiarização com a fábrica pode ser eliminada agora que o responsável por todo o processo de formação é um trabalhador da fábrica, permitindo desenvolvê-la em duas etapas: capacitação inicial dos multiplicadores-parceiros e oficinas de capacitação para os demais trabalhadores.

Assim, no trabalho desenvolvido na Delphi-Harrison, foram capacitados seis trabalhadores (três do primeiro turno e três do segundo[6]) juntamente com os seus respectivos coordenadores. Os critérios de escolha foram:

- a variedade de experiências com o tema;
- o comprometimento dentro da empresa;
- a capacidade de conduzir um diálogo franco e aberto com os colegas;
- a disponibilidade de tempo;
- a familiaridade com o assunto.

A formação dos coordenadores e dos operários/multiplicadores foi realizada em seis sessões de noventa minutos, usando os módulos do Jogo do Alvo, de acordo com as mesmas etapas descritas na Figura 4.3.

Para cada módulo do Jogo do Alvo foram desenvolvidas as seguintes atividades:

---

6 A Delphi-Harrison funciona em três turnos de segunda a sexta-feira: o primeiro das 7h às 16h24, o segundo das 14h às 23h17 e o terceiro das 23h17 às 7h.

1. Aplicamos um questionário inicial para verificar o nível de conhecimento de cada um sobre CEP e que foram divididos por módulos.
2. Esclarecimento inicial sobre o jogo, sob o aspecto da interface e de seus recursos, principalmente no que diz respeito à metáfora do alvo utilizada e a sua relação com a fábrica. O Jogo do Alvo foi apresentado como ambiente computacional e em seguida discutiram-se suas aplicações, procurando estabelecer relações entre o ambiente implementado no *software* e as situações encontradas na fábrica. O objetivo era conscientizar os trabalhadores sobre a utilização da ferramenta, procurando mostrar que esse *software* pode resolver uma série problemas de aprendizagem, já que o aprendiz consegue definir muitas situações.
3. Entrega de material de apoio para cada módulo do jogo.
4. Capacitação dos operários com o Jogo do Alvo por meio de uma série de exercícios com o tiro ao alvo. Cabia a cada um definir um conjunto de tiros e avaliar o processo ou tomar uma decisão. Cada sessão permitiu um grande número de exercícios e, eventualmente, era sugerido aos trabalhadores que gerassem casos variados de processos, procurando criar diversas situações que foram ou podem ser encontradas nas linhas de produção.
5. Diálogo com os coordenadores e os operários/multiplicadores sobre as formas de intervenção, orientando-os para atuar como consultores/facilitadores/indagadores que usam perguntas para abrir novas possibilidades. Com essa postura, os trabalhadores tinham uma meta a atingir e eram motivados e desafiados a alcançá-la. Assim, eles poderiam construir uma disposição de tiros que expressasse o seu entendimento e o seu conhecimento sobre o controle de processos e, ao mesmo tempo, dialogar com o colega sobre o que entendia, permitindo testar hipóteses, compartilhar experiências e interesses dos trabalhadores.
6. Realização de alguns testes práticos simulando situações de fábrica e resolvendo testes predeterminados. Esses testes apresentam dados reais sobre situações já vividas na fábrica.
7. Aplicação de um questionário final para cada módulo.

Quando terminou essa fase e, por sugestão dos trabalhadores, elaborou-se um novo material de apoio para os demais companheiros. A concepção do material contou com a colaboração dos trabalhadores, dos coordenadores de cada turno e do pesquisador, de maneira a torná-lo o mais próximo possível da linguagem da fábrica. O objetivo foi proporcionar um material de consulta em que o trabalhador pudesse tanto tirar dúvidas sobre a parte conceitual de CEP, quanto sobre o uso do *software*.

Dois ou três trabalhadores junto ao pesquisador, na qualidade de observador, participavam de cada oficina de capacitação com o multiplicador-parceiro. Essas oficinas tinham também a duração de aproximadamente noventa minutos de forma a trabalhar com os módulos do Jogo do Alvo e abordar o seguinte conteúdo:

- finalidade do Controle Estatístico de Processos – CEP;
- o Conceito de Estabilidade e Capacidade;
- autocontrole – Funcionamento e aplicações;
- condições para Aplicação de Autocontrole;
- procedimentos para Tomada de Decisão;

Cada oficina seguiu também as etapas descritas na Figura 4.3 e em todas as atividades o multiplicador-parceiro foi o responsável pelo processo de capacitação do colega.

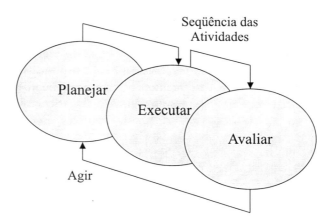

FIGURA 4.3 – O Mecanismo de Integração Organizacional para a formação de Recursos Humanos. Fonte: Adaptado de Moraes (1999).

Nessas oficinas, bem como nas anteriores para a capacitação dos multiplicadores-parceiros, sempre houve um espaço para o diálogo, em que havia a prioridade sobre "saber ouvir o colega". No entanto, faltava no processo o elemento que faria a avaliação da aprendizagem. A partir do diálogo entre todos e por sugestão de um trabalhador, chegou-se à conclusão de que o Departamento de Qualidade poderia fazer esse trabalho, uma vez que ele avalia os processos na fábrica. Essa abordagem foi de grande importância para a definição do que chamamos de mecanismo de integração organizacional para a formação de recursos humanos.

Esse mecanismo seria bem diferente se a abordagem ficasse a cargo do facilitador. Alguns pontos podem evidenciar isso porque: somente ele seria o responsável por todo o processo de formação e de avaliação, sem a participação efetiva de outros trabalhadores; ele não vivenciaria os problemas dos trabalhadores das linhas de produção; ele não conseguiria definir regularmente os horários de capacitação como ocorreria se ele estivesse sempre presente no ambiente de trabalho; ele não conseguiria realizar uma avaliação formativa. Assim, o mecanismo definido se fundamenta em um processo de executar, na estrutura organizacional, um ciclo que compreenda o planejamento, a execução e a avaliação do método de formação na empresa, conforme mostra a Figura 4.3.

Com a utilização da abordagem com os agentes multiplicadores-parceiros, o planejamento passou a ser feito pelos coordenadores da fábrica que definem o calendário de capacitações, escolhem os trabalhadores que serão os multiplicadores-parceiros e os que serão capacitados e acompanham o desempenho dos operários nas linhas de produção. O coordenador da fábrica foi o elemento que criou oportunidades de aprendizagem, passando a participar ativamente dela.

A execução do processo de formação foi realizada pelos próprios trabalhadores – multiplicador-parceiro em um ambiente em que ele, mais experiente, ensina ao colega menos experiente o que sabe. Nesse ambiente, ele deve atuar como um consultor/facilitador/indagador que usa perguntas para abrir novas possibilidades. Nessa formação, a aprendizagem deixou de ser instrucionista e passou a ser construcionista, uma vez que concentrou seu foco no processo de estimular a resolução de problemas e não de fornecer respostas. O agente multiplicador-parceiro não tinha a visão paternalista de um relacionamento professor/aluno, ao contrário, ele se colocou como parceiro em pé de igualdade no processo de aprendizado, procurando não apenas ensinar, mas também aprender.

Com a tecnologia trazendo dados, imagens e resumos de forma rápida e atraente, o papel do multiplicador-parceiro foi ajudar o colega/trabalhador a interpretar esses dados, a relacioná-los e a contextualizá-los, criando conexões com o cotidiano, com o inesperado e formando um ambiente de investigação (Moran, 1998).

No processo de formação, os multiplicadores-parceiros foram acompanhados por um funcionário da Qualidade responsável pela avaliação. A função de avaliação ficou então sob responsabilidade do Departamento de Qualidade que, para o caso da Delphi-Harrison, acompanha e avalia a qualidade dos processos.

Assim sendo, o ciclo foi realimentado com as observações de quem avalia, de maneira a fornecer a quem planeja subsídios para a definição das novas ações de capacitação. Essa realimentação fornecida pelo pessoal da qualidade, que acompanha diariamente a produção e o controle do processo de formação, garante que esse processo tenha como base o desempenho efetivo, observado na prática e não pautado em algo previsto ou planejado, melhorando a cada iteração pois há a depuração do processo.

Além disso, a implementação desse mecanismo viabiliza a construção de uma organização que aprende pautada no que Garvin (1993) definiu como três Ms: *Management, Meaning e Measurement of learning.*

O MÉTODO DE AVALIAÇÃO DA APRENDIZAGEM

O método de avaliação da aprendizagem organizacional com base na proposta de capacitação definida deve contemplar um constante trabalho de observação. Esse trabalho envolve tanto o desenvolvimento das oficinas de formação e dos índices de desempenho da organização, como também constantes visitas às linhas de produção, para realizar entrevistas com os trabalhadores, coordenadores de fábrica e gerentes. Isso porque sem acompanhar as mudanças na maneira que o trabalho é realizado na fábrica e nos relacionamentos entre as pessoas, apenas medir a contribuição da capacitação para a empresa não é um dado significativo.

O *software* construcionista ganha importância no processo de avaliação por causa das características que norteiam a sua concepção, ou seja, a construção de algo "palpável" (Valente, 1993), que torna explícito o conhecimento utilizado ou criado e o modelo mental para a resolução de um determinado problema.

Com isso, a metodologia de avaliação deve ter como base os três estágios de Garvin (1993): o cognitivo, o procedimental e o de desempenho; com a ampliação de seu escopo para analisar também o aspecto emocional e afetivo.

O cognitivo

Os testes aplicados nas oficinas de capacitação e os registros das sessões com os recursos do Jogo do Alvo definiram o estágio cognitivo, em que o trabalhador torna explícito o seu entendimento e suas idéias. Para tanto, foram aplicados dois testes escritos: um no início da capacitação e outro no final. Os testes ajudaram a avaliar o desenvolvimento cognitivo do trabalhador, mas não foram suficientes e conclusivos. Para evidenciar essa afirmação foi realizado um estudo de caso com um trabalhador. O estudo considerou o resultado dos testes respondidos pelo funcionário e também um acompanhamento do seu desempenho profissional no ambiente de trabalho.

Outro teste prático efetuado foi a seleção aleatória de dois grupos (grupo 1 e 2) com sete trabalhadores em cada um. O grupo 1 teria uma capacitação tradicional em CEP, considerando os métodos antigos de treinamento da Delphi-Harrison. O grupo 2, seria capacitado com o Jogo do Alvo. Após a capacitação dos dois grupos, o objetivo era avaliar a análise de duas cartas de CEP da fábrica, com todos os índices estatísticos calculados e o percentual de acerto de cada grupo. O fluxograma da Figura 4.4 sintetiza os passos usados nesse experimento.

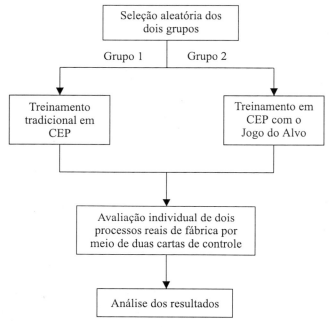

FIGURA 4.4 – Experimento para Avaliação Cognitiva com Dois Grupos de Trabalhadores.

A análise dos arquivos gerados pelo *software* construcionista, com o histórico da sessão de capacitação, permitiu diagnosticar as dificuldades encontradas pelo trabalhador ao resolver um problema. Além disso, o *software* construcionista possibilitou o registro das ações que revelam o pensamento do trabalhador, muitas vezes não expresso nos usuais questionários ou testes. Por essa razão, completou-se a avaliação cognitiva utilizando todos esses recursos para torná-la significativa, envolvendo os trabalhadores no processo de formação para acompanhar constantemente o desenvolvimento dos colegas.

O procedimental

O estágio procedimental envolveu não apenas a observação do desenvolvimento das oficinas de formação, mas também uma constante visita às linhas de produção, observando os trabalhadores na ação. Isso não se resumiu apenas a verificar se o trabalhador produz com qualidade, mas também se está envolvido em identificar e corrigir problemas, garantir a manutenção e o perfeito funcionamento do equipamento que utiliza. Essa avaliação pôde ser realizada com o acompanhamento semanal das ocorrências registradas na fábrica, que puderam ser identificadas pelos inúmeros controles existentes na fábrica.

Nessa pesquisa, as próprias cartas de CEP permitiram identificar se o trabalhador adota procedimentos predeterminados e se toma decisões coerentemente, uma vez que tudo fica registrado. Por exemplo, foi fácil verificar se ele pára a produção quando encontra algum problema, pois em cada carta de controle existe um diário de bordo no seu verso onde há uma descrição dos procedimentos adotados.

Outro ponto importante observado foi o comprometimento do trabalhador em ajudar a resolver os problemas e tomar decisões que possam solucioná-los. Isso pôde ser identificado nos registros feitos durante o Jogo do Alvo ou nos inúmeros documentos espalhados na fábrica que permitem ao trabalhador sugerir e apresentar soluções.

A realização de entrevistas com os trabalhadores, coordenadores de fábrica e gerentes permitiu também verificar se os conceitos foram bem entendidos e se estão sendo bem aplicados em situações de fábrica.

O de desempenho

A avaliação pautada nos índices de desempenho da fábrica assegurou que as mudanças cognitivas e procedimentais produzem e garantem bons resultados para a empresa. Nesse estágio, índices de produtividade, de qualidade e outros ganhos tangíveis foram considerados e calculados freqüentemente pelos setores competentes da empresa, que puderam ser acompanhados para avaliar o impacto do processo de formação na organização.

O emocional e afetivo

Enfim, o aspecto emocional e afetivo foi avaliado por meio de um questionário e principalmente pela observação da mudança dos trabalhadores na fábrica, considerando:

- os sentimentos de confiança, de alegria e de *empowerment*;
- a curiosidade e a investigação expressas na sua participação na resolução de problemas;
- os relacionamentos entre eles, uma vez que suas ações dependem da capacidade de recorrer a uma coletividade, uma rede de trabalhadores que produzem algo;
- a comunicação, considerando que sempre existiram vários pontos de vista, muitas maneiras de fazer as coisas e que o compartilhamento dessas experiências trará benefícios para a organização;
- a cooperação entre os indivíduos, entre as equipes e por fim na organização.

UMA SÍNTESE DA METODOLOGIA DE FORMAÇÃO E AVALIAÇÃO CONSTRUÍDA

A aplicação da metodologia descrita neste livro pode ser generalizada para a formação de trabalhadores em outras empresas de Produção Enxuta. Uma síntese geral da metodologia está ilustrada no fluxograma da Figura 4.5 e mostra os passos a serem tomados em trabalhos futuros de formação de trabalhadores com o intuito de criar ambientes de aprendizagem construcionistas. Não se pretende com isso definir uma fórmula para a formação de trabalhadores, mas sim apresentar os passos gerais que foram tomados na construção da metodologia utilizada nesta investigação e que poderão contribuir em trabalhos futuros de capacitação de trabalhadores em empresas de Produção Enxuta, bem como nortear os resultados alcançados e que serão descritos no próximo capítulo.

Assim, o primeiro passo é identificar os problemas gerenciais críticos dentro da empresa, com a participação efetiva da administração que pode orientar no sentido de atacar os reais problemas, apontando as necessidades de aprendizado para tratar com as novas situações da empresa e dar sustentação às estratégias empresariais. Em função dessas necessidades, é preciso também conhecer quais são as novas qualificações que os trabalhadores necessitam ter seguindo a orientação estratégica e vincular o programa de capacitação, permitindo o seu desenvolvimento e assegurando condições de avaliá-lo.

Em seguida, com a identificação dos problemas gerenciais, é necessário definir os setores envolvidos e selecionar os possíveis trabalhadores que atuarão como multiplicadores-parceiros. Essa etapa é de suma importância para o sucesso de todo o programa de capacitação uma vez que todos precisam estar conscientizados para a relevância da aprendizagem. É necessário que os profissionais se sintam parceiros do trabalho que será desenvolvido e não obrigados a executá-lo pois, pelos resultados alcançados nesta pesquisa, eles são muito melhores quando os profissionais envolvidos assumem o compromisso por vontade própria.

O desenvolvimento da ferramenta computacional vem logo em seguida caso ela não tenha sido ainda implementada. É importante lembrar que a sua concepção, considerando as etapas de análise, implementação, depuração e validação, deve contar com a participação permanente dos trabalhadores envolvidos no processo de formação. Isso permitirá a construção de uma ferramenta computacional que atenda às necessidades da empresa, que possuam uma interface condizente e com grande chance de aproximar-se do ambiente real da fábrica.

O passo seguinte é capacitar os multiplicadores-parceiros para atuar na próxima etapa de formação dos demais trabalhadores da fábrica. Essa capacitação deve considerar não apenas os aspectos computacionais da ferramenta construcionista, mas como desenvolver as sessões de capacitação, considerando as estratégias de intervenção, a criação de um ambiente de participação, diálogo e de troca.

Para finalizar, os multiplicadores parceiros, juntamente com a coordenação da fábrica e com os setores envolvidos, devem definir um programa amplo de capacitação dos demais trabalhadores da fábrica e identificar os aspectos a serem considerados para a avaliação da aprendizagem. Esses aspectos devem contemplar uma avaliação que considera os estágios cognitivos, procedimentais, de desempenho e afetivos/emocionais.

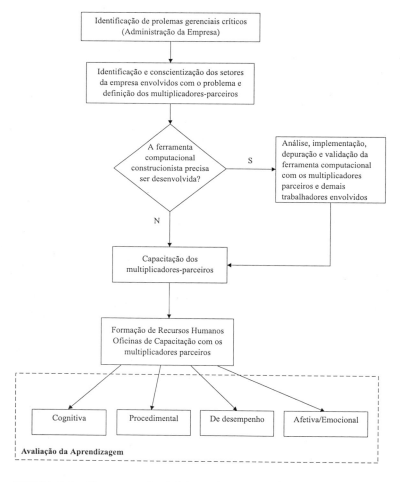

FIGURA 4.5 – Fluxograma Geral da Metodologia de Formação e de Avaliação Construída.

5 RESULTADOS DA FORMAÇÃO

O objetivo deste capítulo é apresentar os resultados alcançados com o ambiente construcionista e com a metodologia de capacitação e avaliação construída para a formação de trabalhadores de uma empresa de Produção Enxuta. Inicialmente, do ponto de vista do trabalho desenvolvido com o facilitador, sob o aspecto da ferramenta computacional e da abordagem construcionista, importantes contribuições para a aprendizagem de conceitos de controle estatístico de processos foram alcançados, tais como:

a) É possível gerar diversas situações de fábrica, muitas delas nunca vivenciadas pelo funcionário. Exemplos disso são os funcionários que puderam definir e analisar um conjunto de dados que caracterizavam processos com comportamentos diferentes do que estão acostumados.

b) O *software* enriquece a análise do processo pois pode oferecer vários parâmetros de análise. É importante dizer que muitos deles não estão disponíveis nos postos de trabalho uma vez que precisam ser calculados estatística ou matematicamente e que exigiriam um equipamento no local. Com isso, a análise feita pelo usuário leva em consideração todos os dados possíveis, o que torna mais completa a sua formação.

c) O *software* leva o usuário a refletir sobre o processo, pois o fato de poder verificar a resposta pode adverti-lo de que a sua avaliação não está correta. Foi observado a partir disso que, após uma reflexão, todos conseguem detectar o erro e reavaliar o processo.

d) A capacitação com esse tipo de *software* está repercutindo na fábrica pois os funcionários formados com ele estão se mostrando mais compromissados e interessados em acompanhar o processo. Eles podem acompanhar e simular todo o processo e não apenas coletar os dados, como fazem na fábrica. Assim, passa a ter significado todos os procedimentos que são adotados por ele no ambiente de fábrica.

Entretanto, serviu também para identificar alguns problemas que comprometem a viabilização do trabalho de capacitação na fábrica.

O primeiro deles foi a fragilidade da centralização desse trabalho de formação nas mãos de uma pessoa que, ao deixar a empresa, compromete a sua continuidade. A partir daí, a idéia de se descentralizar o processo de formação, com a constituição de vários trabalhadores como facilitadores, tornou-se a grande meta a ser atingida. Esses facilitadores transformariam-se então nos agentes multiplicadores-parceiros de conhecimento nas linhas de produção.

O envolvimento de apenas um trabalhador no processo de formação também mostrou um segundo problema. Para que os trabalhadores pudessem participar das sessões de capacitação com o Jogo do Alvo era necessário que os coordenadores da fábrica liberassem ou criassem uma dinâmica para que esse trabalhador pudesse deixar o seu posto de trabalho. Como até então os coordenadores não estavam envolvidos, havia uma dificuldade enorme de conciliar a programação da produção com os horários de formação.

Por fim, a avaliação dos resultados ficava centralizada também na figura do facilitador que tinha enormes dificuldades para avaliar os aspectos procedimentais e de desempenho, uma vez que não participava diretamente do processo produtivo da fábrica, não tinha contato direto e constante com os trabalhadores e dependia de terceiros para a obtenção de dados.

Com essa situação, ficava claro que o processo estava totalmente fragmentado. Tinha-se uma ferramenta computacional construcionista que mostrava bons resultados para a aprendizagem dos conceitos, no entanto, não se chegava a uma dinâmica para a sua implantação, o que ficou evidente nas inúmeras interrupções no programa de capacitação durante o primeiro ano de trabalho. Tornava-se cada vez mais necessário implantar um mecanismo de formação de recursos humanos que viesse também a promover uma cultura de aprendizagem dentro da organização. Com essa constatação, optou-se por envolver mais trabalhadores nesse processo e então definir o que foi chamado de Mecanismo de Integração Organizacional para a Formação e Avaliação de Recursos Humanos, conforme descrito na Figura 4.3.

Com a implantação desse mecanismo, os resultados obtidos com a formação dos trabalhadores atingiram uma dinâmica totalmente diferente, conseguindo abranger e envolver todos os trabalhadores da fábrica. A responsabilidade sobre o processo de capacitação passou a ser de todos e com isso o processo de avaliação ficou distribuído, cada um contribuindo com a sua parte.

A abordagem com os trabalhadores multiplicadores-parceiros permitiu avaliar e validar todo o processo de capacitação de recursos humanos segundo a metodologia de formação e avaliação construída e descrita no capítulo anterior. Foi desenvolvido um programa amplo de formação, envolvendo todos os trabalhadores das linhas de produção da Delphi-Harrison. Isso proporcionou, além dos benefícios para o processo ensino-aprendizagem, uma mudança de paradigma na produção da Delphi-Harrison, ou seja, a transformação desse setor da empresa de qualificado para qualificante e, por fim, o início de uma cultura de aprendizagem que, até então, não existia.

A associação da ferramenta computacional construcionista com a implementação do mecanismo de integração organizacional definido no capítulo 4 e ilustrado na Figura 4.3, mostrou-se eficiente e necessária para o sucesso do programa de capacitação.

Além disso, os resultados apresentados a seguir mostram que o programa de capacitação com o Jogo do Alvo e a metodologia definida contribuíram significativamente, pois não ocorreram, nesse período, nenhuma outra atividade de formação na fábrica, nenhuma alteração nos seus procedimentos e tão pouco foram adquiridos novos equipamentos. Os coordenadores da fábrica atribuem também os resultados à possibilidade dos trabalhadores de acompanhar, simular e entender todo o processo produtivo e não apenas coletar os dados. Passa a ter significado e importância o uso dos conceitos estudados nos programas de formação.

Com a integração dos trabalhadores no processo de capacitação, os resultados puderam considerar os três estágios definidos por Garvin (1993): cognitivo, procedimental e de desempenho. Além disso, o aspecto emocional e afetivo foi avaliado segundo a metodologia definida no capítulo 4.

A metodologia de formação com os agentes multiplicadores permitiu a aprendizagem ao treinar (*learning through training*), uma vez que os facilitadores eram trabalhadores da fábrica que, ao acompanhar todo o processo de formação do colega, conseguiram vivenciar novas situações, trocar e compartilhar experiências.

Convém salientar que todos os dados que serão apresentados foram coletados durante dois anos e seis meses de regulares visitas à fábrica e possibilitaram substanciar todo o trabalho desenvolvido e todas as conclusões.

A AVALIAÇÃO COGNITIVA

Esta avaliação considerou os questionários aplicados nas sessões de capacitação, os arquivos gerados pelo *software* com o registro das ações dos trabalhadores, o teste prático com dois grupos distintos, um com treinamento tradicional e outro com o Jogo do Alvo, os cenários definidos e um estudo de caso com um trabalhador.

Na avaliação cognitiva, considerando os testes aplicados no início e no final de cada sessão, o percentual médio de acerto nos testes iniciais foi de 60%, muito inferior aos 80% exigidos pelo departamento de Recursos Humanos, mesmo considerando que os trabalhadores já possuíam algum tipo de treinamento em CEP. A avaliação cognitiva final, realizada após a capacitação com o Jogo do Alvo, mostrou um rendimento médio de 92% de acerto, muito superior ao anterior. Convém salientar que a correção dos testes foi feita pelo departamento de Qualidade, o que garante que os critérios de correção seguem àqueles definidos pela empresa e que estão de acordo com as suas necessidades.

APRENDIZAGEM, CULTURA E TECNOLOGIA

Com a análise dos arquivos contendo os registros das sessões de uso do Jogo do Alvo, foi possível identificar as dificuldades iniciais do trabalhador na análise do processo. O exemplo clássico para ilustrar essa interpretação pode ser observado pela disposição de tiros da Figura 5.1. Nela, o trabalhador colocou todos os tiros dentro dos limites de especificação, achando com isso que o processo estaria estável e capaz. No entanto, os índices CP e CPK, que indicam os problemas de variação e dispersão das amostras, registram valores que tornam o processo instável e incapaz. Neste exemplo, a grande maioria dos trabalhadores errou a sua resposta inicial.

Sob o aspecto prático, como eles ainda não possuem nos postos de trabalho um computador para efetuar os cálculos dos índices CP e CPK, é compreensível a dificuldade inicial em analisar as cartas de controle considerando os problemas de variação e dispersão das amostras.

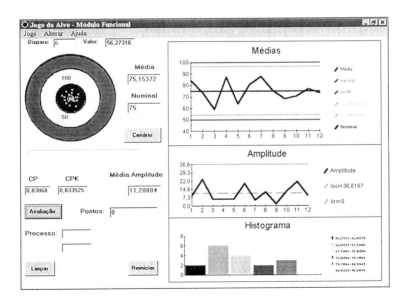

FIGURA 5.1 – Exemplo de uma Disposição de Tiros onde os trabalhadores encontram dificuldades para uma avaliação inicial.

Para concluir, os resultados do experimento com os dois grupos de trabalhadores, um com treinamento tradicional (grupo 1) e outro com o Jogo do Alvo (grupo 2), ilustrado na Figura 4.4, mostraram que o percentual médio de avaliações corretas por parte do grupo 1 foi de 35,71%, muito inferior aos 96,42% obtidos pelo grupo 2, o que mostra uma contribuição importante do Jogo do Alvo para a análise dos processos reais de fábrica, uma vez que as cartas utilizadas foram retiradas dos arquivos do departamento de qualidade da Delphi-Harrison.

Criação da Memória Organizacional – Os Cenários

Como o Jogo do Alvo registra em um arquivo toda a sessão que o trabalhador desenvolve, foi proposto aos trabalhadores que definissem cenários ou situações que pudessem ser encontrados na fábrica e correspondessem com a disposição de tiros no alvo. Nessa atividade, muitos exemplos foram citados e ricos momentos de diálogos entre os trabalhadores foram proporcionados.

A definição dos cenários permitiu a criação de uma coleção deles, que no futuro poderá representar e armazenar dados importantes sobre diversos problemas e suas soluções para a fábrica. Uma série de cenários foi identificada, mostrando a relação direta com a fábrica e o entendimento que os trabalhadores têm da ligação do jogo com o seu ambiente de trabalho.

Os exemplos das Figuras 5.2 a 5.6 ilustram alguns cenários definidos pelos trabalhadores durante as sessões de capacitação desenvolvidas. Nos cenários das Figuras 5.2 e 5.4 o processo é estável, como pode ser observado pela mínima variação entre as médias. No entanto, os valores estão completamente fora dos limites de especificação, o que faz que o processo não seja capaz. Para essas duas configurações, os trabalhadores relacionaram as seguintes situações de fábrica, respectivamente:

- temperatura elevada do forno;
- baixo torque na parafusadeira;

- ferramenta da prensa desajustada;
- problemas no ajuste do rolo da center[1]

Para o cenário da Figura 5.3, o processo é capaz, porém, instável. É possível observar um pico no gráfico das médias de maneira que ele ultrapassa o limite superior de controle. Para esse caso, os trabalhadores indicaram situações como:

- troca do operador que, provavelmente, por não estar habilitado, não soube medir com correção as amostras que apresentaram o problema;
- pico de temperatura no forno, ou seja, nessa situação provavelmente o operador do forno colocou dois radiadores muito próximos, não obedecendo a distância predeterminada, o que pro-

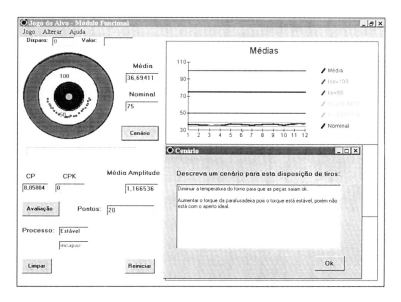

FIGURA 5.2 – Cenário 1.

---

1 O *center* é uma espécie de fita dobrada que compõe o corpo do radiador e sua função é ajudar na dissipação de calor. Ela possui ranhuras com angulações rigorosamente determinadas, denominadas *louver*.

voca uma elevação da temperatura interna do forno e, por conseguinte, altera as medidas das peças;
- problemas com o lote do material utilizado com menos densidade, o que acarreta um aperto maior com a parafusadeira.

O cenário ilustrado na Figura 5.5 permite visualizar um problema de compensação de material que é utilizado na montagem dos radiadores. De acordo com o tipo da máquina que faz as ranhuras no *center*, é necessário que uma outra máquina compense possíveis desvios de forma mesmo que a média entre as duas esteja na nominal.

Finalmente, a Figura 5.6 mostra um processo com uma tendência que é atribuída a um desgaste de máquina. É fácil observar que se o trabalhador não tomar uma ação preventiva, em breve o processo estará fora de controle estatístico. Como solução para o problema, o trabalhador sugere que se troque a ferramenta e que se execute o seu ajuste no maquinário.

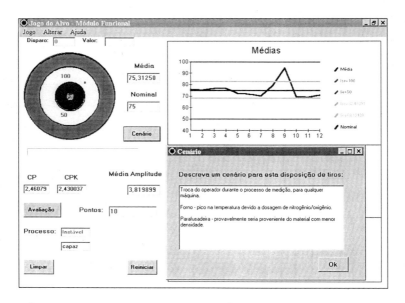

FIGURA 5.3 – Cenário 2.

APRENDIZAGEM, CULTURA E TECNOLOGIA

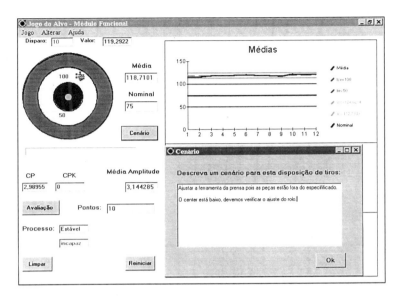

FIGURA 5.4 – Cenário 3.

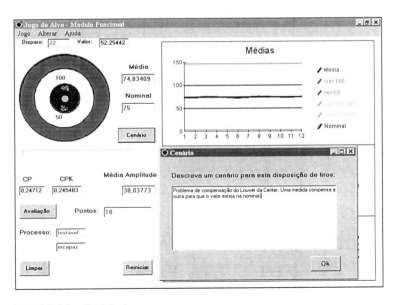

FIGURA 5.5 – Cenário 4.

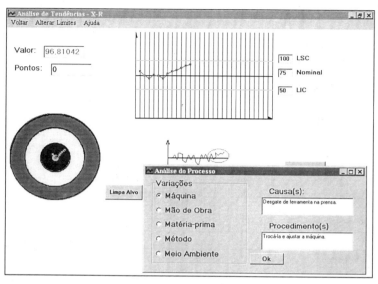

FIGURA 5.6 – Cenário 5.

É possível reparar que, na maioria dos casos, os trabalhadores definem mais de uma situação possível de ser relacionada com o processo descrito pelo conjunto de tiros no alvo. Em cada um dos módulos é possível o trabalhador associar um cenário a uma situação vivenciada na fábrica. Além disso, o *software* armazena em um arquivo cada um dos cenários definidos, o que permitirá uma análise posterior ou até mesmo o uso dessas informações pelos demais trabalhadores.

Um estudo de caso

A avaliação cognitiva, com base apenas na aplicação de um questionário, não é suficiente para avaliar o aprendizado. Isso porque foi possível identificar um trabalhador que havia sido reprovado nas avaliações escritas e, no entanto, a análise do seu desempenho com o Jogo do Alvo mostrou que ele entendia os conceitos envolvidos.

Esse trabalhador é um dos mais antigos funcionários, com pouco mais de vinte anos de empresa, e sua função é de operador de produção. Ele foi efetivado na Delphi-Harrison logo após concluir o seu estágio como aluno do curso técnico no Senai.

Nos questionários de avaliação que respondeu, esse trabalhador definiu o controle e a capacidade do processo somente com a seguinte frase: "Um processo sem variação e eficiente". Essa resposta não permite avaliar o que realmente o trabalhador entende sobre CEP, o que ocasionou a sua reprovação na avaliação cognitiva proposta.

No entanto, a importância do *software* construcionista se fez evidente pois, por meio dos registros das sessões armazenadas em arquivos, é fácil identificar que esse trabalhador consegue aplicar os conceitos e entender o que significa o controle estatístico de processos. Durante as sessões de capacitação, ele criou várias situações e também se pôde observar que o seu desempenho foi muito bom.

Para garantir com plena certeza esses fatos, foram realizadas entrevistas com os coordenadores da fábrica e com outros trabalhadores que comprovaram que o trabalhador em questão é um dos melhores da fábrica.

A AVALIAÇÃO PROCEDIMENTAL

O acompanhamento do desenvolvimento das oficinas de capacitação bem como as freqüentes visitas às linhas de produção para observar os trabalhadores na ação permitiram verificar as mudanças de procedimentos e de tomada de decisões.

A avaliação procedimental reflete a repercussão na fábrica da capacitação com o Jogo do Alvo, uma vez que os trabalhadores mostraram-se mais compromissados com o preenchimento correto das cartas de controle, mais interessados em acompanhar o processo produtivo e envolvidos na solução de problemas. Isso pode ser observado pelo crescente aumento da eficiência no preenchimento das cartas de CEP, que contabilizam o número de ocorrências de erros de preenchimento ou de tomada de decisão em função do total de cartas de controle espalhadas pela fábrica. O gráfico da Figura 5.7 comprova essa crescente melhora e está pautado em relatórios semanais elaborados pela Departamento de Qualidade da empresa. Toda a aprendizagem individual, observada nos procedimentos dos trabalhadores, contribuiu para a aprendizagem da organização, já que a eficiência no preenchimento das cartas e nas tomadas de decisão teve melhoras sucessivas nos meses que se seguiram ao início do programa de capacitação, conforme observado no gráfico da Figura 5.7. Neste é possível verificar que no mês de setembro de 1998, anterior ao início do capacitação com os agentes multiplicadores, o índice de eficiência apresentava-se muito inferior àqueles que estão sendo obtidos atualmente. Convém salientar ainda que os relatórios de acompanhamento começaram a ser confeccionados somente a partir do mês de maio de 1999. Sendo assim, os dados apresentados de setembro de 1998 tomam por base apenas os registros encontrados nos arquivos do Departamento de Qualidade, que mostram procedimentos facilmente identificados como incorretos, como ilustra a carta de autocontrole da Figura 5.8.

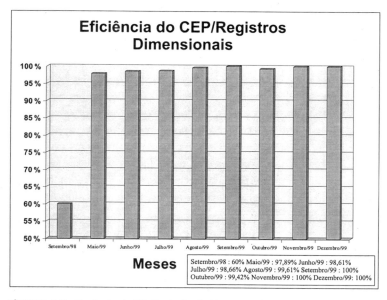

FIGURA 5.7 – Evolução da Eficiência dos Registros em CEP. Fonte: Departamento de Qualidade da Delphi-Harrison.

APRENDIZAGEM, CULTURA E TECNOLOGIA 131

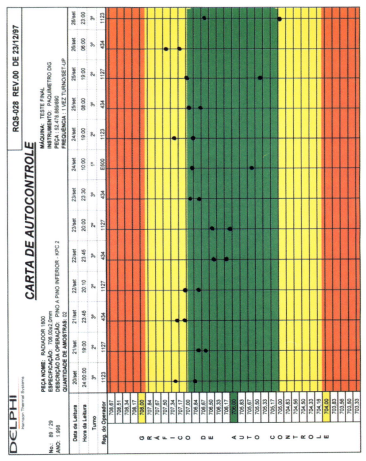

FIGURA 5.8 – Procedimento incorreto: pontos na região em amarelo sem a medição de mais três pontos.

Nesse cálculo não estão computados, por exemplo, os casos de cartas fora de lugar ou de demora na justificativa de um problema registrado no diário de bordo da carta. Esses fatos somente poderiam ser identificados no momento da sua ocorrência. Logo, é possível ainda que o índice de setembro de 1998 viesse a ser ainda inferior ao que foi apresentado.

Com o início do programa de formação, a avaliação procedimental mostrou também uma aprendizagem individual, com um grande número de trabalhadores tomando decisões corretamente e modificando suas atitudes. A análise das cartas preenchidas antes e depois da capacitação permite identificar mudanças de atitudes, conforme pode ser observado nas cartas apresentadas nas Figuras 5.9 e 5.10. Na primeira, o operador 434 mediu apenas duas peças antes da capacitação, mesmo quando o procedimento correto seria medir mais três. Na outra carta, em uma situação bastante similar a anterior, mas depois da capacitação, o mesmo operador tomou o procedimento correto.

Convém salientar que existem, além desse caso, outros que mostram uma mudança comportamental na fábrica. Por exemplo, um determinado trabalhador A, quando estava no início do seu turno assumindo o seu posto de trabalho, percebeu que o trabalhador B, do turno anterior, não havia tomado o procedimento correto no preenchimento das cartas de CEP. Imediatamente, ele alertou o colega para o fato e o procedimento foi em seguida corrigido.

Em uma conversa com o trabalhador A sobre a capacitação feita, ouviu-se o seguinte comentário:

> As regras de tomada de decisão estão afixadas no mural para o caso de cartas de autocontrole, mas ninguém lê. Com o Jogo do Alvo é fácil de gravá-las e elas ficam na cabeça porque a gente acaba exercitando muito e não fica apenas na conversa ou assistindo aula.

Observamos também que quando ocorre algum problema no processo produtivo, os trabalhadores estão procurando identificá-lo e buscando soluções para resolvê-lo. Por exemplo, o trabalhador C quando identificou um ponto fora dos limites de controle imediatamente parou o processo. Sem chamar a coordenação inicialmente, procurou detectar o problema verificando primeiro a matéria-prima utilizada. Como estava tudo certo com ela, verificou outro

APRENDIZAGEM, CULTURA E TECNOLOGIA

133

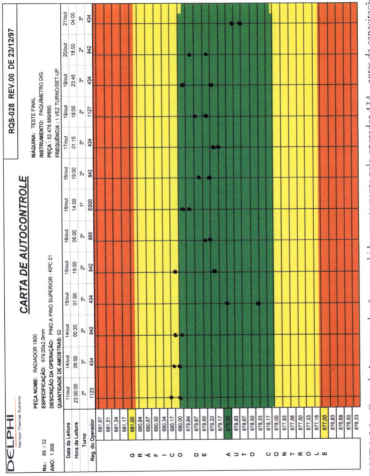

FIGURA 5.9 – Carta de Autocontrole não preenchida corretamente pelo operador 434 – antes da capacitação.

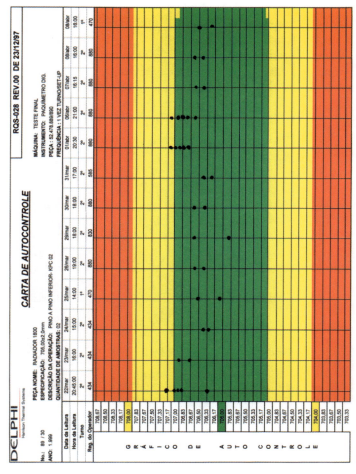

FIGURA 5.10 – Carta de Autocontrole preenchida corretamente pelo Operador 434 – após a capacitação.
Fonte: Departamento de Qualidade da Delphi-Harrison.

aspecto: a regulagem da máquina. Identificou então um problema com uma variação ininterrupta da temperatura do forno, o que o levou a solicitar a ajuda do serviço de manutenção de equipamentos. Nesse caso, ficou claro que o trabalhador já começa a perceber que as cartas de CEP são importantes para indicar o estado do processo. Tão importante quanto isso foi a atitude do trabalhador que, ao perceber o problema, procurou por si só solucioná-lo.

Durante as sessões de capacitação foi também possível identificar que no início os trabalhadores estavam muito acostumados a analisar as cartas de CEP somente pelos gráficos gerados pelo *software*. Isso se justifica pelo fato de ser a única informação que possuem nos postos de trabalho, uma vez que os cálculos dos índices CP e CPK e dos limites de controle são feitos *a posteriori* pelo Departamento de Qualidade.

Com o tempo, foi observado que eles passaram a considerar as demais informações oferecidas pelo *software* e pautar a análise em todos os dados disponíveis. Além disso, foi comum ouvir comentários e reivindicações sobre a necessidade de ter um equipamento no posto de trabalho para que a análise do processo possa ser a mais eficiente e completa possível. No questionário de avaliação aplicado no final da investigação, esse fato ficou ressaltado com frases como:

> Foi muito bom ter participado do curso pois tudo que aprendemos só tem a acrescentar aos nossos conhecimentos. Mas acho que a Harrison deveria implantar a informática na produção para fazer os relatórios.

A importância da mudança de comportamento e do entendimento do que se faz na prática levou os trabalhadores, muitas vezes, a tomar iniciativas próprias na definição das sessões de capacitação. Considerando o funcionamento do mecanismo de integração organizacional, essa atitude veio contribuir ainda mais para o seu funcionamento, uma vez que a responsabilidade de administrar o programa de formação foi dividida entre todos, ou seja, coordenadores da fábrica, operadores e o pessoal do Departamento de Qualidade. Isso ficou evidenciado, por exemplo, no cronograma do mês de agosto de 1999, no qual os trabalhadores do primeiro turno agendaram sessões de capacitação em dias não que não foram predeterminados inicialmente (segundas e sextas-feiras), como pode ser observado no cronograma da Figura 5.11.

Cronograma de Formação sobre C.E.P. /Jogo do Alvo						
Turno: 1° Horário: 8:00 às 9:30 hs. Área: Módulos (C.R.F.M. / T3000) Agosto/1999				☐ Dias de treinamento ■ Dia de reunião e Avaliação ▨ Dias de treinamento além do previsto * Multiplicador(es)		
D	S	T	Q	Q	S	S
1	2 *Eliana (431) Benedito (816) Fábio (554) Silvânia (841)	3 *Eliana (431) Benedito (816) Wanda (422) Luis (804)	4 *Eliana (431) Wanda (422) Luis (804)	5 *Eliana (431) Jeferson (896) Fabiano (1127)	6 *Eliana (431)	7
8 *Eliana (431) Jeferson (896) Fabiano (1127)	9 *Mário (553) Rosana (384) Celso (467)	10 *Mário (553) Rosana (384) Celso (467)	11 *Mário (553) Fabricio (892) Mauricio (967) Paulo (973)	12 *Mário (553) Fabricio (892) Mauricio (967) Paulo (973)	13	14
15 *Mário (553) Paulo (868) Flávio (879)	16 *Mário (553) Paulo (868) Flávio (879)	17 *Mário (553) Wagner (971) Joel (468)	18 *Mário (553) Wagner (971) Joel (468)	19 *Mário (553) Douglas (963) Muniz (785) João (801)	20	21
22 *Mário (553) Douglas (963) Muniz (785) João (801)	23 *Mário (553) Wanderley (361) Bia (375)	24 *Mário (553) Wanderley (361) Bia (375)	25 *Mário (553) Pontin (550) Sandra (862) Marcio (787)	26 *Mário (553) Pontin (550) Sandra (862) Marcio (787)	27	28
29	30	31 Reunião e Avaliação				

Obs.: A reunião e avaliação estão marcadas para às 14h, com os coordenadores e multiplicadores

FIGURA 5.11 – Cronograma de Formação com Agendamento feito pelos próprios Trabalhadores. Fonte: Departamento de Qualidade da Delphi-Harrison.

A AVALIAÇÃO PELO DESEMPENHO

Um dos critérios para medir o desempenho da fábrica é um índice denominado *First Time Quality* (FTQ), definido como o número de peças produzidas com defeito ou que exigiram retrabalho e as peças devolvidas pelo cliente em partes por milhão.

$$FTQ = \frac{\text{Peças com defeito} + \text{Peças retrabalhadas} + \text{Peças devolvidas pelo cliente}}{\text{Peças produzidas}} \times 1.000.000$$

Adotando esse índice para a avaliação de desempenho, foi constatada uma melhora de 4% no FTQ nos quatro primeiros meses após o início da capacitação com os agentes multiplicadores-parceiros, conforme pode ser observado pelo gráfico da Figura 5.12 e mais 1,2% de melhora no segundo quadrimestre de 1999, o que elevou esse índice de 92% no final do ano de 1998 para 97,2% em setembro de 1999; portanto, uma melhora de 5,2% do terceiro quadrimestre de 1998 ao segundo quadrimestre de 1999.

APRENDIZAGEM, CULTURA E TECNOLOGIA   137

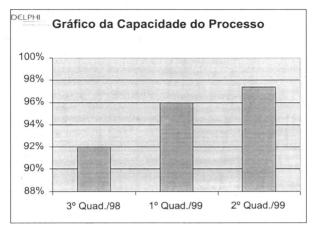

FIGURA 5.12 – Evolução do FTQ com os Agentes Multiplicadores-Parceiros. Fonte: Departamento de Qualidade da Delphi-Harrison.

Novamente foi consenso na fábrica que o trabalho desenvolvido no programa de capacitação contribuiu em muito para esse resultado, já que durante esse período não houve compra de novos equipamentos ou mudança de qualquer tipo de procedimento que pudesse justificar esse resultado.

Em termos concretos, a melhora nesse índice é importante para referendar a metodologia desenvolvida, pois não significa apenas um ganho na qualidade do que se produz mas, principalmente, um reflexo direto no faturamento da empresa. Segundo o próprio gerente da fábrica, o percentual de melhora desse índice se reflete na mesma proporção no faturamento, ou seja, nos últimos meses a Delphi-Harrison obteve uma melhora financeira na ordem de 5,2%.

A AVALIAÇÃO EMOCIONAL E AFETIVA

Esta avaliação foi realizada por meio de um questionário e, principalmente, pela observação dos trabalhadores na fábrica.

O Jogo do Alvo, sendo uma ferramenta computacional construcionista, situada dentro de um contexto e com significado para os trabalhadores, incentivou as discussões nas sessões de capacitação. A sua identificação com as situações de fábrica motivou os trabalhadores a testar hipóteses e simular casos que estão vivenciando no cotidiano. Com isso, o ambiente de aprendizado com o jogo promoveu diálogos entre os trabalhadores e uma troca constante de experiências, o que provocou a colaboração e a participação no desenvolvimento das atividades na fábrica. Os gráficos da Figura 5.13 e 5.14 mostram o resultado da avaliação dos próprios trabalhadores quando responderam às seguintes questões do questionário de avaliação aplicado, respectivamente:

- A dinâmica utilizada no treinamento com o Jogo do Alvo, da maneira como foi desenvolvida, favorece a cooperação? Classifique em:
  Muito boa ( )   Boa ( )   Regular ( )   Ruim ( )
- A dinâmica utilizada no treinamento com o Jogo da Alvo favorece o trabalho em equipe? Classifique em:
  Muito boa ( )   Boa ( )   Regular ( )   Ruim ( )

A presença de um colega como instrutor – multiplicador-parceiro – transformou o ambiente em algo informal, ficando o trabalhador bastante à vontade para apresentar suas idéias, propor soluções, enfim, dialogar dentro de um contexto em que todos estão dispostos a aprender e a trocar experiências.

Isso criou um ambiente de confiança entre os trabalhadores que ficou caracterizado com o relacionamento entre os agentes multiplicadores-parceiros e os demais trabalhadores. No relato dos multiplicadores, eles afirmaram que estão sendo procurados pelos colegas para discutir assuntos abordados nas oficinas de capacitação.

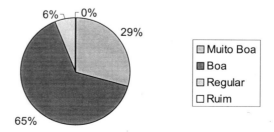

FIGURA 5.13 – Avaliação dos trabalhadores quanto à Cooperação.

APRENDIZAGEM, CULTURA E TECNOLOGIA 139

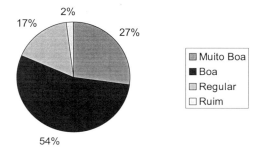

FIGURA 5.14 – Avaliação dos trabalhadores quanto ao trabalho em equipe.

Essa atmosfera fica evidenciada com o depoimento de um dos coordenadores da fábrica:

> Antigamente, o treinamento era uma obrigação para os operários, agora é um prazer. Todos ficam atentos e ansiosos para saber quando irão participar das sessões de capacitação. Há interesse e o pessoal está procurando aprender.

O resultado das respostas dos trabalhadores à seguinte questão do questionário de avaliação também ressalta a sua satisfação com a metodologia utilizada e é apresentado no gráfico da Figura 5.15:

• Como você se sente tendo como instrutor um colega de trabalho?
Muito bem ( )   Bem ( )   Indiferente ( )   Não gostei ( )

É importante salientar que não são apenas os conceitos que estão sendo discutidos, mas também sugestões para melhorias no processo de capacitação, o que implementa a idéia de melhorias contínuas (*Kaizen*) dentro do próprio processo de formação, conforme ilustra a Figura 5.16. Esse importante fato já vinha sendo constatado no processo de confecção da apostila suporte. Todo o seu conteúdo foi elaborado com ampla participação dos trabalhadores que ajudaram com suas sugestões.

Outro aspecto de suma importância se deve ao fato de o trabalhador conseguir com essa atividade sistematizar o seu conheci-

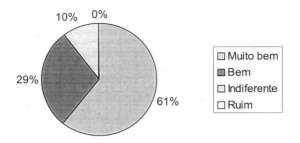

FIGURA 5.15 – Resultado da avaliação dos trabalhadores quanto à capacitação ser realizada por um colega de trabalho.

mento no desenvolvimento do material. A sua confecção proporcionou uma série de encontros com os trabalhadores para discutir os conteúdos a serem abordados e como deveria ser a sua apresentação de maneira que estivesse mais próxima possível do ambiente de trabalho. Além disso, essa atividade permitiu aproximar os trabalhadores em uma atividade que evidencia a importância da parceria, o que a caracteriza como uma atividade que favorece a formação dos trabalhadores.

Além disso, a metodologia proporciona uma abertura maior para o diálogo entre o multiplicador e o trabalhador. Isso foi observado quando um trabalhador da fábrica pediu a um multiplicador que repetisse novamente a sessão de capacitação, uma vez que não havia conseguido entender os conceitos. Na ocasião, sugeriu que além dos exercícios com o Jogo do Alvo, houvesse um espaço para a leitura da apostila entregue e para diálogo sobre os pontos com dúvidas.

Essa abertura, sem dúvida, só foi possível por que o trabalhador enxerga o multiplicador-parceiro como um colega, situação em que existe uma intimidade muito maior. Para comprovar isso, em nenhum momento houve uma situação de questionamento do processo de capacitação na abordagem com o facilitador. Nesse caso, o facilitador não era um trabalhador que participava diretamente nas linhas de produção da fábrica.

APRENDIZAGEM, CULTURA E TECNOLOGIA   141

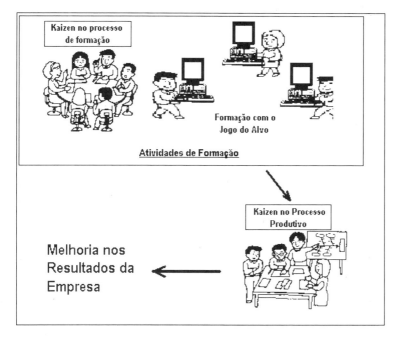

FIGURA 5.16 – *Kaizen* no processo de formação.

Tudo isso levou a uma série de transformações na fábrica, com o desenvolvimento de um espírito de comprometimento mútuo. Com a vontade de aprender e de sentir que aquilo que aprende é importante não apenas para os resultados da companhia, mas também para o seu próprio desenvolvimento. Essa vontade pôde ser observada quando, em uma das reuniões de avaliação, os coordenadores da fábrica informaram que os trabalhadores estavam agendando sessões de capacitação entre eles, durante o tempo que estavam ociosos, sem que alguém estivesse forçando-os a isso. Essa informação foi confirmada pelo pessoal do Departamento de Qualidade que freqüentemente recebe as listas de presença e as avaliações realizadas.

Em termos concretos, a importância desse sentimento se fez perceptível não só com a vontade, mas com a realização da reforma da sala onde são realizadas as sessões de capacitação. Houve um envolvimento dos trabalhadores no sentido de querer melhorar ainda mais o ambiente físico, denominado por eles "Sala de Treinamento". Foi feita uma nova pintura, colocada uma nova forração no chão, novas prateleiras para abrigar livros e outros materiais, murais para apresentar as estatísticas e os resultados decorrentes do processo de capacitação, entre outras coisas.

O sentimento de *empowerment* também ficou evidenciado tanto pela observação dos trabalhadores no desenvolvimento das sessões de capacitação e no próprio desempenho nas linhas de produção, como também nas respostas que deram à seguinte questão e cujo resultado é mostrado na Figura 5.17:

- Com o treinamento do Jogo do Alvo você passou a se sentir mais capaz de entender e aplicar os conceitos de CEP? Classifique a sua melhora como:
  Muito boa ( )   Boa ( )   Regular ( )   Ruim ( )

Finalmente, o próprio gerente da fábrica, ao fazer uma visita inesperada a uma das oficinas de capacitação, cujo facilitador era um trabalhador que ensinava ao colega os conceitos sobre CEP, exclamou:

– Isto é *empowerment*.

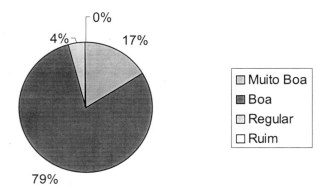

FIGURA 5.17 – Resultado da avaliação dos trabalhadores quanto ao *empowerment*.

TRANSFORMANDO A PRODUÇÃO DA DELPHI-HARRISON DE QUALIFICADA PARA QUALIFICANTE

A partir da análise os critérios definidos por Fleury & Fleury (1997) e descritos no capítulo 2, para classificar uma empresa como qualificada, certamente é possível encontrar essas características presentes na Delphi-Harrison desde o início do trabalho, ou seja, o trabalho em equipe, a autonomia e a responsabilidade delegada aos trabalhadores, a presença de basicamente três níveis hierárquicos e uma distância pequena entre as funções.

O desafio era tentar transformá-la em uma empresa qualificante. Entretanto, com a nova metodologia que usa os agentes multiplicadores-parceiros como verdadeiros facilitadores da aprendizagem e a utilização do mecanismo de integração organizacional descrito na Figura 4.3, foi possível verificar essa transformação e uma nova dinâmica no desenvolvimento da competência profissional. O grande envolvimento de trabalhadores das linhas de produção, coordenadores da fábrica e dos funcionários do Departamento de Qualidade permitiu um comprometimento de todos em promover a aprendizagem, claramente evidenciado no aumento de horas mensais de capacitação.

Além disso, observou-se um envolvimento dos agentes multiplicadores-parceiros não apenas na formação dos colegas, mas também na elaboração do material didático utilizado, na reforma de uma sala da empresa para servir de ambiente de aprendizagem, abrigando os computadores e materiais de consulta como manuais, livros, quadros com estatísticas do trabalho de formação, entre outros.

Toda essas transformações contribuíam para o início da implantação de uma cultura de aprendizagem nas linhas de produção, que é fundamental para o sucesso de qualquer trabalho de formação em uma empresa. A metodologia com os agentes multiplicadores-parceiros colaborou substancialmente para isso.

Isso também pode ser verificado pelos cronogramas de formação afixados na fábrica, que determinam o horário e os trabalhadores envolvidos nas oficinas de capacitação, como ilustra o cronograma da Figura 5.18. Convém salientar, ainda, que estão sendo verificados casos de sessões de capacitação sem agendamento prévio, ou seja, os trabalhadores usam o *software* disponível nos momentos de ociosidade da fábrica, conforme pode ser observado no cronograma da Figura 5.11.

Além disso, definiu-se um procedimento para formação de Recursos Humanos com o Jogo do Alvo, seguindo as normas especificadas para a certificação QS9000 (Ricci, 1996). Nesse procedimento, são previstas reuniões mensais de avaliação que fazem uma análise do que foi realizado no mês que passou e são estipuladas as metas para o próximo mês. Isso tudo pode reforçar uma série de fatos que levam a constatar o início de uma cultura de aprendizagem nas linhas de produção da Delphi-Harrison.

Cronograma de Formação sobre C.E.P. / Jogo do Alvo

Turno: 2°
Horário: 14:00 às 15:30
Área: Brasados / Módulos

Agosto/1999

☐ Dias de treinamento
▨ Dia de reunião e Avaliação
☐ * Multiplicador(es)

D	S	T	Q	Q	S	S
1	2	3	4	5 *Francisco (908) 6		7
				Charles (1092)		
				Charles (1175)		
8 *Francisco (908) 9	10	11	12 * Derli (858) 13			14
Charles (1092)			Marcos (957)			
Charles (1175)			Valter (1263)			
15 * Derli (858) 16	17	18	19 *Francisco(908)20			21
Marcos (957)			Adilson (337)			
Valter (1263)			Fábio(1096)			
22 *Francisco(908)23	24	25	26 * Derli (858) 27			28
Adilson (337)			Silvano (1162)			
Fábio(1096)			Edinei (813)			
29 * Derli (858) 30	Reunião 31					
Silvano (1162)	e					
Edinei (813)	Avaliação					

Obs.: A reunião e avaliação estão marcadas para às 14h, com os coordenadores e multiplicadores

FIGURA 5.18 – Exemplo de Cronograma de Formação. Fonte: Departamento de Qualidade da Delphi-Harrison.

6 CONSIDERAÇÕES FINAIS

Este trabalho oferece uma solução para a formação de trabalhadores em empresas de Produção Enxuta por meio do uso de uma ferramenta computacional construcionista – o Jogo do Alvo –, contextualizada e significativa, associada a uma metodologia de formação e de avaliação pautada em agentes multiplicadores-parceiros. Todo o trabalho foi realizado *in job*, inteiramente dentro do contexto da fábrica, desde o desenvolvimento da ferramenta computacional até a definição e validação da metodologia desenvolvida. Essa solução, além de contribuir para a formação, promovendo a aprendizagem dentro da organização, cujos resultados superam todos àqueles alcançados com outros métodos e ferramentas, permitiu a criação de um ambiente e de uma cultura de aprendizagem nas linhas de produção da empresa.

O Jogo do Alvo foi implementado com base na metáfora do tiro ao alvo, com ênfase no processo de explicitação, formalização e construção do conhecimento, envolvendo conceitos de CEP. A importância do tema se traduz no fato do CEP ser um problema gerencial crítico, principalmente em empresas de Produção Enxuta, isso porque o sistema de controle da qualidade é um dos seus pilares.

A experiência de formação de um facilitador para implantar uma proposta de utilização efetiva de *softwares* com abordagem construcionista na formação de recursos humanos na indústria, descrita por K. Schlünzen Jr. (1998), permitiu concluir que a ferramenta computacional implementada permite gerar diversas situações de fábrica, muitas delas nunca vivenciadas pelos trabalhadores. A metáfora do tiro ao alvo é facilmente compreendida e associada ao procedimento de coleta de dados, enriquece a análise do processo pois oferece mais parâmetros de análise por meio dos índices CP e CPK calculados e que não são calculados nos postos de trabalho, promove a reflexão sobre o processo descrito na disposição dos tiros no alvo com a interpretação das cartas de controle e das variações, e repercute na fábrica, pois os funcionários se mostram mais compromissados com o preenchimento correto das cartas de controle e interessados em acompanhar o processo produtivo.

Do ponto de vista da abordagem construcionista, na qual é concebida a ferramenta computacional, a construção do conhecimento por meio da possibilidade de resolver problemas que estão no contexto de trabalho, ou seja, com base em problemas reais –, em que o trabalhador utiliza a sua experiência para fazer a ligação entre a teoria e a prática –, encorajou a reflexão e a transferência de conhecimento de uma situação para outra. Além disso, verificou-se o início de uma espécie de memória da organização, com a definição de uma série de cenários que expressam situações de fábrica e possíveis soluções.

A importância do construcionismo favoreceu o comportamento e a tomada de decisões que o profissional deverá ter no seu dia-a-dia. No contexto da empresa, o paradigma construcionista está engajando o profissional em uma aprendizagem *Just-In-Time*, pois ele busca soluções para problemas do cotidiano e com necessidade de resolução imediata.

Além disso, auxilia o trabalhador a responder mais efetivamente às mudanças que podem ocorrer freqüentemente em seu ambiente, uma vez que disponibiliza uma série de recursos que podem ser utilizados e testados sem demandar muito tempo de avaliação, o que contribui ainda mais para o sistema de Produção Enxuta e para uma significativa melhoria nos resultados, conscientizando sobre a importância do investimento em formação e aprendizagem na organização.

No entanto, a fragilidade e as limitações dessa abordagem, com a responsabilidade colocada nas mãos de apenas uma pessoa e com as dificuldades de implantação de um programa de formação consistente e abrangente, levaram à definição de uma nova abordagem com os multiplicadores-parceiros (Schlünzen, 2000b e 2000c), que são trabalhadores nas linhas de produção.

A utilização dos agentes multiplicadores-parceiros na fábrica permitiu, além do "aprender a fazer", o desenvolvimento de habilidades relacionadas ao "saber ajudar" e ao "saber ensinar", o que pôde garantir a mudança de paradigma, da empresa qualificada para a empresa qualificante, e tornar o processo de formação autosustentável. Essa abordagem também permite implementar a figura que Drucker (1989) define como *knowledge worker*, pois o trabalhador está envolvido não apenas em produzir, mas também em aprender, ensinar, trocar e criar conhecimento.

Com isso, pelo envolvimento de todos no processo de formação, foi possível observar o processo de mudança na organização como um todo, não fundamentado apenas em fatos instantâneos e pontuais. Os resultados alcançados permitiram concluir que a metodologia inovadora, com os multiplicadores-parceiros, é a mais adequada e que esta inovação em formação traz importantes reflexos na cultura de aprendizagem da organização e, conseqüentemente, nos seus resultados operacionais. Nos aspectos cognitivos, procedimentais, de desempenho e afetivos/emocionais, considerados para a avaliação, foram obtidos resultados significativos de melhoria.

No aspecto cognitivo, os resultados com a correção dos questionários aplicados mostraram uma significativa melhora quando comparados os testes inicial e final. O estudo de caso desenvolvido com um trabalhador mostrou claramente que uma avaliação apenas cognitiva não é capaz de expressar o aprendizado, o que evidencia a importância de analisar outros aspectos como o procedimental, comportamental, emocional e afetivo. A diferença de resultado foi ainda maior quando comparados dois grupos: um com capacitação tradicional e outro com o *software* construcionista.

Os registros das próprias cartas de CEP permitiram avaliar os benefícios para o aspecto procedimental, chegando a 100% de eficiência no preenchimento das cartas nos últimos meses. Com a participação de todos os trabalhadores, incluindo os coordenadores, foi possível também acompanhar o envolvimento dos trabalhadores na resolução de problemas e nos projetos de melhorias contínuas.

Quanto ao aspecto de desempenho, os parâmetros mensuráveis de ganhos tangíveis também mostraram significativos progressos. O exemplo citado e analisado neste trabalho foi o aumento de 5,2% no índice de FTQ, que repercute diretamente no faturamento da empresa praticamente na mesma proporção. Considerando o aspecto emocional, verificou-se que o construcionismo desperta emoções que estão expressas no comportamento dos trabalhadores, no sentimento de ânimo e energia em toda a organização e na qualidade dos diálogos. Há um comprometimento com algo que eles sentem ser deles, que é importante para o seu desenvolvimento e que agora, com a metodologia implementada, passa a ser de responsabilidade exclusiva do trabalho que irão desenvolver. Isso se reflete no engajamento dos trabalhadores em promover as sessões de capacitação, na disponibilidade em colaborar em todos os sentidos, em trocar com o colega as suas experiências, o que contribui para a criação de um ambiente interdisciplinar, fundamentado na mudança da postura do profissional, caracterizada pela humildade e generosidade (Fazenda, 1995). A humildade para reconhecer que não sabem tudo e que precisam aprender com outro colega mais experiente e a generosidade para compartilhar e trocar os seus conhecimentos para o crescimento da coletividade.

Como ganho institucional e organizacional, o trabalho desenvolvido proporcionou uma aprendizagem interorganizacional, considerando a parceria entre o Nied e a Delphi Automotive Systems – Divisão Harrison Thermal Systems. O desenvolvimento deste trabalho envolve o que Stata (1997) define como características que devem existir entre uma parceria universidade/empresa:

- concentrar-se em problemas gerenciais críticos;
- desenvolver e disseminar novas ferramentas e métodos de aprendizagem;
- testar ferramentas e métodos na prática;
- fornecer aprendizagem interorganizacional;
- usar uma abordagem interdisciplinar;
- propiciar oportunidades de educação cooperativa para o trabalhador.

Nessa parceria, a função da academia é enfatizar o processo de inovação e de criação, permitindo com isso que os trabalhadores aprendam com os outros em vez de tentar ensinar novas práticas diretamente, na forma de consultorias, que na maioria das vezes fogem de um contexto. Objetiva-se com isso iniciar um processo de aprendizagem auto-sustentável, favorecendo o desenvolvimento de competências que permitam criar organizações flexíveis, com funcionários que sejam auto-suficientes para adquirir novas qualificações. Dentre estas competências, podem-se destacar: "aprender a aprender", comunicação, colaboração, raciocínio, criatividade e capacidade de resolver problemas.

A conclusão deste trabalho gerou inúmeras idéias para a sua continuidade. As questões de formação e de aprendizagem nas empresas são algo fascinante e muito pouco explorado em termos de inovação. A tecnologia, com a abordagem construcionista, poderia perfeitamente contribuir para a construção de ambientes de aprendizagem dentro das organizações e favorecer a criação de uma cultura de aprendizagem.

Há muito a ser explorado e estudado. A implantação de uma cultura de aprendizagem pode agora oferecer uma série de inovações nos programas de capacitação de trabalhadores em empresas de Produção Enxuta. Este trabalho concentrou-se apenas sobre uma das subculturas da organização: os trabalhadores das linhas de produção. Entretanto, na empresa podemos identificar outras como: a engenharia e o pessoal técnico, e a administração. O grande desafio é fazer que uma cultura entenda a outra, porque a cultura da engenharia ou da administração é fundamentalmente orientada em direção a outros tipos de preocupação, por exemplo, elegância tecnológica ou viabilidade financeira.

Observa-se também uma crescente aplicação da tecnologia para desenvolver o processo de aprendizagem a distância em todos os setores. Muitos exemplos de redes de aprendizagem mediadas pela tecnologia podem ser encontrados em Harrison et al. (1997). No âmbito empresarial, um estudo do instituto Masie Center, entidade especializada em ensino a distância, verificou que 92% das grandes organizações nos Estados Unidos implementariam algum tipo de treinamento utilizando a internet ou a intranet (Aisenberg, 1999).

No final de 1998, 41% já possuíam alguma formação a distância. O International Data Corporation (IDC) projetava que, até o ano 2002, os negócios com ensino a distância atingiram a marca de 8 bilhões de dólares em relação a 6 bilhões previstos para as atividades tradicionais em sala de aula. Um crescimento estimado de 1997 até 2002 em 39%. A pesquisa do Social and Economic Sciences Research Center da Washington State University (Meister, 1999) revelou que 29% dos profissionais entrevistados já preferem a educação a distância como meio de obter uma formação relacionada ao trabalho.

A importância dada ao ensino a distância recai principalmente pela facilidade de reunir grupos de pessoas sem ter que deslocá-las, o que gera menos despesas para a empresa. Com o avanço tecnológico que vivemos, da internet, das intranets e dos sistemas de videoconferência, o mercado para educação a distância está aquecido. Para exemplificar, o uso de *chats*, fóruns, listas de discussão e *e-mail* virou rotina em muitas empresas.

Entretanto, as dificuldades de implantar um programa de capacitação presencial, vivenciadas por Schlünzen (2000b) levam a encarar o ensino a distância dentro da empresa com cautela e como algo que deve ter como pré-requisito a criação de uma cultura de aprendizagem. Isso porque, do ponto de vista prático, o hábito de buscar o aprendizado requer uma conscientização por parte do trabalhador. É preciso fazer essa tarefa sem pensar nela propriamente, mas consciente de que ela é importante.

Quando se tem uma cultura implantada, como é o caso atual da Delphi-Harrison, a busca pelo aprendizado ocorre de forma espontânea, sistemática e natural, independente se ele é presencial ou a distância. A partir daí, as chances de sucesso com a implantação de ensino a distância são muito maiores e os resultados muito mais significativos.

Assim, considerando o estágio atual da Delphi-Harrison no que se refere a uma cultura de aprendizagem, uma importante continuidade para o trabalho de investigação já realizado é desenvolver uma metodologia visando a formação a distância dos multiplicadores-parceiros das linhas de produção. Nesse modelo, se o multiplicador-parceiro encontra uma dificuldade no seu trabalho de formação, ela pode ser resolvida com o auxílio de um especialista que poderá ajudá-lo via rede. As indagações ou problemas que o multiplicador-parceiro não consegue resolver são então enviadas para um especialista que reflete sobre essas questões e envia a sua opinião ou materiais que poderão auxiliar o multiplicador-parceiro a resolver seus problemas. A partir daí, o multiplicador-parceiro coloca em ação essas idéias gerando novas questões que poderão novamente ser resolvidas com o suporte a distância de um especialista, criando um ciclo de aprendizagem virtual, conforme ilustra o esquema da Figura 6.1.

Dentre os muitos ganhos advindos dessa atividade, podem ser citados: o acesso rápido à especialistas externos que poderão auxiliar os multiplicadores-parceiros; o acesso a outras fontes de informação; a formação de grupos de discussão; o desenvolvimento de projetos colaborativos em que grupos de trabalhadores podem discutir e implementar projetos compartilhados e desenvolvidos com os recursos distribuídos em diferentes unidades fabris; entre outros.

Finalmente, essa mesma metodologia poderia ser utilizada pelos trabalhadores para a capacitação de outros trabalhadores de

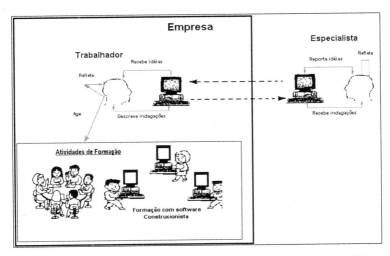

FIGURA 6.1 – Ciclo de Aprendizagem Organizacional Virtual. Adaptado de Valente (1999c).

outras divisões da empresa, de outras unidades geograficamente espalhadas ou até mesmo de fornecedores e clientes, formando alianças globais, originando novas maneiras de criar e compartilhar conhecimento e implementando a idéia de *virtual teams* (Cunha, 2000). Isso possibilitaria uma nova dinâmica a uma aprendizagem virtual e à formação de equipes virtuais de aprendizagem que poderiam gerar importantes contribuições para os trabalhadores e para as empresas.

Outro aspecto interessante é a aproximação do ambiente de capacitação com o ambiente real de fábrica. Essa idéia surgiu com os próprios trabalhadores envolvidos nessa investigação que sugeriram a implantação do Jogo do Alvo nas linhas de produção. A facilidade de entender os conceitos de CEP com o *software* e de identificar mecanismos que auxiliem os trabalhadores na tomada de decisão nos postos de trabalho fez que o uso do ambiente de capacitação pudesse ser interessante para o ambiente real de trabalho.

Além disso, como o Jogo do Alvo calcula os gráficos e todos os índices estatísticos automaticamente, o trabalhador tem de imediato no posto de trabalho todos os dados para efetuar uma análise completa do processo, o que simplifica o esquema da Figura 1.3 no esquema da Figura 6.2. Nesse caso, a detecção de problemas é muito mais eficiente e rápida, com sensíveis contribuições para a tomada de ações no local de trabalho e, conseqüentemente, repercutindo nos resultados operacionais da fábrica.

Nesse sentido, uma interessante proposta geral seria procurar adequar o ambiente computacional de capacitação às necessidades e tarefas realizadas pelos trabalhadores nos seus respectivos postos de trabalho, acompanhando e avaliando o seu desempenho no ambiente de capacitação e ao mesmo tempo no ambiente real.

Enfim, as organizações aprendem com os trabalhadores que aprendem. Entretanto, a aprendizagem individual não garante a aprendizagem da organização. Segundo Stata (1997), a aprendizagem organizacional ocorre em dois aspectos:

- por meio do conhecimento e modelos mentais compartilhados pelos membros da organização;

- pelo conhecimento e pelas experiências passadas, com base em uma espécie de memória.

Entretanto, as companhias têm dificuldades para institucionalizar o que aprenderam na forma de memória organizacional (Fischer, 1999). Essa memória organizacional seria entendida como um sistema estabelecido pela organização para armazenar conhecimento para uso futuro. Esse conhecimento poderia ser recuperado e utilizado por outros trabalhadores. Na verdade, identificar, representar e armazenar como os trabalhadores organizam o conhecimento e o aplicam, são ações que podem ser usadas na capacitação de outros trabalhadores menos experientes.

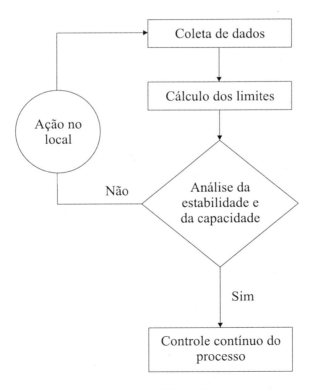

FIGURA 6.2 – Esquema operacional simplificado de controle de processos.

O que pode ser observado com o *software* construcionista é que ele explicita e formaliza a solução dos problemas quando o trabalhador o utiliza nas sessões de capacitação. O registro do modelo mental do trabalhador certamente poderia ser considerado um importante subproduto do processo de capacitação.

Logo, o mapeamento desses modelos mentais, por meio do desenvolvimento de ferramentas computacionais acopladas aos sistemas de capacitação implementados, seria uma valiosa contribuição para o início ou a complementação de um sistema de captura, armazenamento e distribuição de situações de fábrica que poderá no futuro ser utilizado na capacitação dos trabalhadores.

REFERÊNCIAS BIBLIOGRÁFICAS

AISENBERG, D. A educação bate à porta das empresas. *Internet Business*. p.47-52, jun. 1999.
ALMEIDA, F. J. 500 Anos de buscas sobre educação: de Anchieta até nós. In: FAZENDA, I. et al. *Interdisciplinaridade e novas tecnologias*: formando professores. Campo Grande: Editora da UFMS, 1999. p.49-73.
ALMEIDA, M. E. *Formação de professores para a inserção do computador na prática pedagógica*: ambigüidades, desafios e potencialidades. (Título provisório). Trabalho aprovado em Exame de Qualificação ao Doutorado, Programa de Pós-Graduação em Educação: Currículo, Pontifícia Universidade Católica de São Paulo, 1999a.
_____. Projeto: Uma nova cultura de aprendizagem. Manuscrito não publicado. Pontifícia Universidade Católica de São Paulo, 1999b.
ALMEIDA, M. E. et al. A Informática em escolas da rede estadual de São Paulo: expectativas e realidade. In: CONGRESSO IBEROAMERICANO DE INFORMÁTICA EDUCATIVA, 4, 1998, Brasília. Anais... Brasília: RIBIE, 1998. (CD-Rom).
ALMOULOUD, S. A. *L'ordinateur, outil d'aide à l'apprentissage de la démonstration et de traitement de données didactiques*. Rennes, 1992. Tese (Doutorado) – Université de Rennes.
ALTOÉ, A. O papel do facilitador ño ambiente Logo. In: VALENTE, J. A. (org.) *O professor no ambiente Logo*: formação e atuação. Campinas: Gráfica da Unicamp, 1996, p.35-47.
ASSYMETRIX Inc. *Toolbook 1.53*: Developer's Guide. Versão 1.53, 1994.
AUTOMOTIVE Industry Action Group – AIAG. *Fundamentos de controle estatístico de processos – CEP*. Manual de referência. s.l.: 1997. (Brochura).
BARANAUSKAS, M. C. C. Learning about manufacture process control through the Target Game. *International Journal of Continuing Engineering Education and Life-Long Learning IJCEELL*, n.2, v.8, 1998.

BASSI, L. J., CHENEY, S., BUREN, M. V. Training industry trends 1997. *Training & Development*, nov. 1997.

BORGES, E. L. *Design de um ambiente computacional de modelagem e simulação para formação de pessoal na indústria*. Campinas, 1997. Dissertação (Mestrado em Ciência da Computação) – Universidade Estadual de Campinas.

BORGES, M. A. F. *O design centrado no aprendiz no sistema Jonas*: uma experiência de desenvolvimento de um sistema para formação na empresa. Campinas, 1997. Dissertação (Mestrado em Ciência da Computação) – Universidade Estadual de Campinas.

BORLAND International Inc. *Delphi 2 for Windows95 & Windows NT*: Developer's Guide. Versão 2.0, 1997.

BUZZIOL, M. A. *Técnicas especiais em CEP*. Campinas: Faculdade de Engenharia Mecânica da Universidade Estadual de Campinas – Unicamp, 1995. (Brochura).

CAPPELLETTI, I. *Avaliação educacional*: fundamentos e práticas. São Paulo: Articulação Universidade/Escola, 1999.

CAPRA, F. *A teia da vida*: a nova compreensão científica dos sistemas vivos. São Paulo: Cultrix, 1996.

CLARK, H. F., SLOAN, H. S. *Classrooms in the Factories*. Nova York: Institute of Research, Fairleigh Dickinson University, 1956.

COOPER, R. K. Applying emotional intelligence in the workplace. *Training & Development*, dez., p.31-38, 1997.

CUNHA, J. V. Improvisation in global virtual teams. Hannover: Shaping the Future Forum. 2000. CD-Rom.

DORSEY, R. et al. *Noções de estatística*. s.n, s.d. (Brochura).

DRUCKER, P. F. *As novas realidades*: no governo e na política, na economia e nas empresas, na sociedade e na visão do mundo. São Paulo: Livraria Pioneira Editora, 1989.

_____. Sociedade pós-capitalista. São Paulo: Livraria Pioneira Editora, 1993.

ERIKSON, T. D. Working with interface metaphors. In: LAUREL, B. (Ed.) *The Art of Human-Computer Interface Design*. Cambridge: MIT Press, 1990. p.65-73.

FAZENDA, I. *Interdisciplinaridade*: historia, teoria e pesquisa. Campinas: Papirus, 1995.

FERNANDES, L. D., FURQUIM, A. A., BARANAUSKAS, M. C. C. Jogos no computador e a formação de recursos humanos na indústria. In: CONGRESSO IBEROAMERICANO DE INFORMÁTICA EDUCATIVA, 3, 1996, Barranquilla. Anais... Barranquilla, Colômbia: RIBIE, 1996, p.513-25.

FISCHER, G. Lifelong learning: Changing mindsets. In CUMMING, G., OKAMOTO, T., GOMEZ, L. (Ed.) Advanced research in computers and communications in education: New human abilities for the networked society. Proceedings of ICCE'99, INTERNATIONAL CONFERENCE ON COMPUTERS IN EDUCATION, 7, 1999, Chiba. *Proceedings of ICCE'99*. v.1. Chiba, Japão, 1999. p.21-30.

FLEURY, A. C. C., FLEURY, M. T. L. *Aprendizagem e inovação organizacional*: as experiências de Japão, Coréia e Brasil. 2.ed. São Paulo: Atlas, 1997. 237p.

FREIRE, P. *Pedagogia do oprimido*. 17.ed. São Paulo: Paz e Terra, 1970.

GARVIN, D. A. Building a Learning Organization. *Harvard Business Review*, jul./ago., 1993.

GOLDRATT, E. M., COX, J. *A meta*. São Paulo: IMAM, 1990.

GOLEMAN, D. *Inteligência emocional*. Rio de Janeiro: Objetiva, 1995.

HAMMER, M., CHAMPY, J. *Reengenharia*: revolucionando a empresa em função dos clientes, da concorrência e das grandes mudanças da gerência. Rio de Janeiro: Campus, 1994.

HARRISON, L.; HILTZ, S. R.; TELES, L.; TUROFF, M. *Learning Networks*: A Field Guide to Teaching and Learning Online. Massachusetts: The Mit Press, 1997.

HOFFMANN, J. M. L. *Avaliação mediadora*: uma prática em construção da pré-escola à universidade. Porto Alegre: Mediação, 1993.

HOYLES, C., NOSS, R. Understanding the mathematics of banking. *Logo Update*, v.5, n.1, p.5-12, 1996.

IMAI, M. *Kaizen*: a estratégia para o sucesso competitivo. 3.ed. São Paulo: IMAM, 1990.

JENKINS, D., FLORIDA, R. Modelling structures for learning within factories and between them. In: HEINZ III, J. H. *School of Public Policy and Management*. Carnegie Mellon: Carnegie Mellon University, 1995. (Working Paper Series).

KIM, D. H. Administrando os ciclos de aprendizagem organizacional. In: WARDMAN, K. T. (Ed.) *Criando organizações que aprendem*. São Paulo: Futura, 1996. p.65-77.

KIRKPATRICK, D. *Evaluating Training Programs*: The Four Levels. San Francisco: Berrett-Koehler, 1994.

MACHADO JR., C. As vantagens de usar o gráfico do farol. *CQ – Qualidade*, p.85-86, nov. 1997.

MALHOTRA, Y. *Organizational learning and learning organizations*: an overview. Disponível: http://www.brint.com/papers/orglrng.htm.

MARQUARDT, M. J. *Building the Learning Organization*. Nova York: McGraw-Hill, 1996.

MAZZONE, J. S. O sistema enxuto e a Educação no Brasil. In: VALENTE, J. A. (Org.) *Computadores e conhecimento*: repensando a educação. Campinas: Gráfica da Unicamp, 1993. p.274-312.

_____. *2012*: educação na sociedade enxuta. (Tech. Rep. N° 33). Campinas: Universidade Estadual de Campinas, Nied, 1995.

MEISTER, J. C. *Educação corporativa*: a gestão do capital intelectual através das universidades corporativas. São Paulo: Makron Books, 1999.

MORAES, M. C. *O paradigma educacional emergente*. Campinas: Papirus, 1997.

_____. Construindo uma cultura de educação a distância. Apresentação realizada na Fundação Getúlio Vargas, Rio de Janeiro, 1999.

MORAN, J. M. *Mudanças na comunicação pessoal*. São Paulo: Paulinas, 1998.

MOREIRA FILHO, U. M., PEREZ, F. S., FERNANDES, R. L. F. *Controle Estatístico de Processos – CEP*. São Paulo: ABM, 1987.

MOURA, R. A. *Kanban*: a simplicidade do controle da produção. São Paulo: IMAM, 1989.

NONAKA, I., TAKEUCHI, H. *Criação de conhecimento na empresa*: como as empresas japonesas geram a dinâmica da inovação. Rio de Janeiro: Campus, 1997.

NORMAN, D. A., SPOHRER, J. C. Learner-centered education. *Communication of the ACM*, v.39, n.4, p.24-27, abril, 1996.

OHNO, T. *Toyota Production System*: Beyond Large-Scale Production. Portland-Oregon: Produtivy Press, 1978.

PAPERT, S. *Microworlds*: transforming education. (Tech. Rep.). Cambridge: Massachusetts Institute of Technology, 1984.

_____. *LOGO*: Computadores e educação. São Paulo: Brasiliense, 1985.

_____. *Constructionism*: a new opportunity for elementary science education. A Proposal to the National Science Foundation, Massachusetts Institute of Technology, Media Laboratory, Epistemology and Learning Group, Cambridge, 1986.

_____. *A máquina das crianças*: repensando a escola na era da informática. Porto Alegre: Artes Médicas, 1994.

PEIXOTO, J. A. A. A busca de novas perspectivas para o estudo da performance operacional. In: ENCONTRO NACIONAL DE ESTUDOS DO TRABALHO. São Paulo. Disponível: http://www.race.nuca.ie.ufrj.br/abet/venc/artigos/46.pdf; acessado em 31.3.2003.

PELLEGRINO, C. N., Informática na educação: vivenciando novas experiências nas escolas da rede pública de São Paulo. In: CONGRES-

SO ESTADUAL PAULISTA SOBRE FORMAÇÃO DE EDUCADORES, V, 1998, Águas de São Pedro. *Anais...* Águas de São Pedro, 1998. (CD-Rom).

PERRENOUD, P. *Avaliação*: da excelência à regulação das aprendizagens. Entre duas lógicas. Porto Alegre: Artes Médicas, 1999.

RICCI, R. Conhecendo o sistema da qualidade automotivo QS9000. Rio de Janeiro: Qualitymark, 1996.

RUAS, R., ANTUNES, J. A., ROESE, M. Avanços e impasses do modelo japonês no Brasil: observações acerca de casos empíricos. In: HIRATA, H. (Org.) *Sobre o modelo japonês*: automatização, novas formas de organização e de relações de trabalho. São Paulo: Edusp, 1993. p.103-22.

SCHLÜNZEN, E. T. M. Sistemas educativos computacionais utilizando recursos multimídia. Relatório de Pesquisa do triênio 1995-1998, apresentado à Faculdade de Ciências e Tecnologia – FCT – UNESP (Presidente Prudente), 1998.

SCHLÜNZEN JR., K. Capacitação e aprendizagem em empresas utilizando *software* com estética Logo: a formação do facilitador. In: CONGRESSO IBEROAMERICANO DE INFORMÁTICA EDUCATIVA, 4, 1998, Brasília. *Anais...* Brasília: RIBIE,1998. CD-Rom.

_____. The target game in a lean factory. In: CUMMING, G., OKAMOTO, T., GOMEZ, L. (Ed.) Advanced research in computers and communications in education: new human abilities for the networked society. Proceedings of ICCE'99, International Conference on Computers in Education, v.2, 7, 1999, Chiba. *Proceedings of ICCE's*. Chiba, Japão, 1999. p.920-1.

_____. Construindo conhecimento nas empresas usando *software* construcionista. In: LETHELIER, E. et al. (Ed.) International Symposium on Knowledge Management/Document Management – ISKM/DM2000, 2000, Curitiba. *Anais...* Curitiba: PUC-PR, 2000a. p.197-215.

_____. *A criação de um ambiente de aprendizagem contextualizado, baseado no computador, para a formação de recursos humanos em empresas enxutas.* Campinas, 2000b. Tese (Doutorado em Engenharia Elétrica) – Universidade Estadual de Campinas.

_____. *The worker of the new millennium*: learning, culture and technology. Hannover, Alemanha: Shaping the Future Forum. 2000c. CD-Rom.

SCHUCK, G. Tecnologia inteligente, operários inteligentes: uma nova pedagogia para o local de trabalho *high-tech*. In: STARKEY, K. (Org.)

Como as organizações aprendem: relatos do sucesso das grandes empresas. São Paulo: Futura, 1997. p.238-56.
SENAI – Serviço Nacional da Indústria. Controle de Qualidade: CEP – Controle Estatístico de Processos. S.d. (Brochura).
SENGE, P. M. A quinta disciplina: arte e prática da organização que aprende. São Paulo: Best Seller, 1990.
_____. Como você sabe se a organização está aprendendo. In: WARDMAN, K. T. (Ed.) Criando organizações que aprendem. São Paulo: Futura, 1996. p.171-4.
SOLOWAY, E. et al. Learning theory in pratice: case studies of learner-centered design 1995. Disponível em: http://www-personal.umich.edu /~spit/Hi-C/DIS.html.
SOLOWAY, E., PRYOR, A. The next generation in human-computer interaction. Communication of the ACM, v.39, n.4, p.16-49, 1996.
STATA, R. Aprendizagem organizacional: a chave da inovação gerencial. In: STARKEY, K. (Org.) Como as organizações aprendem: relatos do sucesso das grandes empresas. São Paulo: Futura, 1997. p.376-96.
TOYOTA Motor Corporation. Outline of Toyota: as of oct. 1999. Toyota City, Japão, out. 1999.
VALENCIANO, R. A. Jogos e simulação para treinamento em conceitos de manufatura. Relatório final de pesquisa – PIBIC. Campinas: Universidade Estadual de Campinas, 1995.
VALENTE, J. A. (1993). Por que o computador na educação? In: VALENTE, J. A. (Org.) Computadores e conhecimento: repensando a educação. Campinas: Gráfica da Unicamp. p.24-44.
_____. LEGO-Logo in a lean factory. Logo Update, v.5, n.2, p.1-8, 1997.
_____. Informática na educação: instrucionismo x construcionismo. Campinas: Nied, Unicamp, 1997b. (Manuscrito não publicado).
_____. Mudanças na sociedade, mudanças na educação: o fazer e o compreender. In: VALENTE, J. A. (Org.) O computador na sociedade do conhecimento. Campinas: Gráfica da Unicamp, 1999a. p.29-48.
_____. Análise dos diferentes tipos de software usados na Educação. In: VALENTE, J. A. (Org.) O computador na sociedade do conhecimento. Campinas: Nied, Unicamp, 1999b. p.89-110.
_____. A escola que gera conhecimento. In: FAZENDA, I. Interdisciplinaridade e novas tecnologias: formando professores. Campo Grande: Editora da UFMS, 1999c. p.77-119.
VALENTE, J. A., CANHETE, C. C. LEGO-Logo: explorando o conceito de design. In: VALENTE, J. A. (Org.) Computadores e conhecimento: repensando a educação. Campinas: Gráfica da Unicamp, 1993. p.64-75.

VALENTE, J. A., MAZZONE, J. S., BARANAUSKAS, M. C. C. Revitalizing training and learning in industries in Brazil. In: *Information Technology for Competitiveness – Experiences and Demands for Education and Training – International Federation of Information Processing*, Working Group 9.4: Information Technology in Developing Countries, Florianópolis, 1997a, CD-Rom.
VALENTE, J. A., MAZZONE, J. S., BARANAUSKAS, M. C. C. La tecnología como herramienta de educación. *Telepress Latinoamerica*, Ano 6, n.36, p.54-8, 1997b.
VALENTE, J. A., SCHLÜNZEN JR., K. Logo goes to work. *Proceedings of Eurologo99*, Bulgária, 1999, p.116-26.
VALLE, R. Novas competências para o trabalho: Conceitos e resultados de pesquisas no Brasil. In: CONGRESSO DA ALAS. Comissão nº 13 – *O mundo do trabalho: da fábrica à informalidade*. XXI, 1997, São Paulo. *Anais...*, São Paulo, 1997.
WERKEMA, M. C. C. As ferramentas da qualidade no gerenciamento de processo. Belo Horizonte: Fundação Christiano Ottoni, Escola de Engenharia da UFMG, 1995.
WILENTZ, S. Speedy Fred's revolution. *The New York Review*, p.32-7, nov. 1997.
WOMACK, J. P., JONES, D. T. *Lean Thinking*: Banish Waste and Create Wealth in Your Corporation. Nova York: Simon & Schuster, 1996.
WOMACK, J. P., JONES, D. T., ROOS, D. The Machine that Changed the World. Nova York: MacMillan Publishing Co., 1990.
_____. From lean production to the lean enterprise. *Harvard Business Review*, mar.-abr., 1994.
WOOD, S. J. Toyotismo e/ou japonização. In: HIRATA, H. (Org.) *Sobre o modelo japonês*: automatização, novas formas de organização e de relações de trabalho. São Paulo: Edusp, 1993. p.49-78.

SOBRE O LIVRO

Formato: 14 x 21 cm
Mancha: 23 x 43 paicas
Tipologia: Classical Garamond 10/13
Papel: Offset 75 g/m² (miolo)
Cartão Supremo 250 g/m² (capa)
1ª edição: 2003

EQUIPE DE REALIZAÇÃO

Coordenação Geral
Sidnei Simonelli

Produção Gráfica
Anderson Nobara

Edição de Texto
Nelson Luís Barbosa (Assistente Editorial)
Renato Potenza (Preparação de Original)
Fábio Gonçalves e
Ana Luiza Couto (Revisão)

Editoração Eletrônica
Lourdes Guacira da Silva Simonelli (Supervisão)
Cia. Editorial (Diagramação)

Impressão e Acabamento
na Gráfica Imprensa da Fé